――人を呪わば穴二つ

呪術

取り扱い説明書

一章

呪術とは

呪術とは

呪術は、呪いやまじないを使って、人を殺したり、吉を凶に、凶を吉に転じたりする技法のすべてを意味します。「呪い」は、怨念で恨みを果たすもので、「まじない」は、相手に見立てた人形や持ち物などを使って、相手に災いをもたらしたり、吉凶を転換するものです。両者とも、独自に編み出した技法と、体系化された技法があります。

誰もが知っている「痛いの痛いの、飛んでいけ!」の呪文も、呪術のひとつといえるでしょう。効いたかもしれないし効いていないかもしれない、他愛のないおまじないですが、これは世界中で呟かれる呪文で、連綿と続く重要な呪文のひとつなのです。

民衆に愛されて唱えられた呪文として、「アビラウンケンソワカ」という、大日如来の真言があります。治病はもちろん、魔除けや厄除け、招財・招福など、お題を問わずに用いることのできる魔法の呪文です。密教の最高神である大日如来の真言を唱えれば、どんな願いでも叶ってしまう、という発想から生まれたのかもしれません。

民衆が唱えた「アビラウンケンソワカ」には、数多くのバリエーションがあります。江戸後期に編まれた『閑田次筆《かんでんじひつ》』には、「あぶら桶そはか」と唱えて、人々の病を治した老婆のエピソードが伝わります。

また、悪夢を見たときには「夕べの夢の寂しさは南天山のフカの餌食となれ、アビラおンケンソばカ」、蜂除けに「あぶらウンケンソワカ」「あぶらけんちん、あぶらけんちん」、ムカデに刺されたら「あぶらウンケン、あぶらかす」と、誦していたそうです。

このように単純な呪文でも、人から人に伝わって、多様に変化していきます。儀式を執り行う荘厳な呪術も、しっかりと文献に記され、秘伝として守られているものでない限り、現存する諸説を参考にするしかないのが実情でしょう。呪術伝説とされる史実が、歴史に数多く残されていますが、秘密裡に行う呪術の真相は謎に包まれています。

科学や技術のない時代を生きた人々は、怪我をしたり、病を患ったとき、成すすべがなく、ただ死を待つしかなかったこともあったはずです。そんなときに祈りを捧げ、何とか助かる方法はないかと、儀式を執り行ったでしょう。疫病が流行るたびに、国を挙げての加持祈祷が行われ、寺社を建立し、それを封じていたという説も伝わります。

洪水や干ばつなどの自然災害に見舞われた際も、それを鎮めるための祈りと儀式が行われていました。海や川、湖、山、太陽などの自然の神々に捧げる人身御供として、生きたままの人間を生贄にしていた時代もあり、こうした人柱の痕跡は、日本各地で発見されています。

また、戦のときに勝戦祈願として行われることや、政権争いでライバルを呪い殺す「呪詛」など、国益に影響をもたらす呪術も用いられていました。現代では、都市伝説に分類されそうですが、国内外のどこかで、今も秘密裏に呪術が行われているとしても、おかしくはないでしょう。

文明が発達し、大半のものが科学的に説明される時代になりましたが、それでも呪術は消えません。呪術がなくならないのは、人の心がなくならないからでしょう。好きか嫌いか、憎いかどうか。こうした人の思いが消え失せることはありません。何かしらを求めて渇望する人々の心がある限り、呪い祓うために必要とされる、大いなる力の介在を実現するのが、呪術なのです。

悔しさや憎しみをバネにして目標に向かうことも、こうした思いを呪術に向けて人を呪うことも、広義に考えれば同等のものといえるのかもしれません。どちらも、心をひとつにして勤しむことが大前提で、そのプロセスが過酷であったとしても、信じる心が大きな力を生みます。どちらも、精神力があってこその理想の実現です。

本気で呪術に取り組もうという真摯な思いと精神力があれば、きっと念願を達成できるでしょう。一方、こうした思いと精神力で現状に取り組むことができれば、呪術なしに目標を達することも可能なはずです。

儀式的な呪術は、現状への取り組みよりも困難なものもあり、決してラクではありません。切実だからこそ、実行可能な呪術です。

神仏を信心する修行者が行うことで、呪術は効果が出るともいわれています。普段から信仰し崇める神仏の呪術を行うほうが、スムーズというわけです。呪術のときだけ力を拝借しようという人よりも、効果が出やすいかもしれません。ただ、先にお伝えしたように、心の在り方や向け方次第でも、大きく変わっていくものなのです。

偽りのない本当の思いがあれば、それがどんなに汚らわしい願望からの呪いであったとしても、無意識のうちに、超自然の力に切実にすがることになります。こうしたピュアな心の在り方が、呪いを実現するのでしょう。

満足したとしても、途中でやめられないのが呪術です。やめようとした瞬間に生じた心の緩みが、相手の力を蘇らせて、呪い返しを受けるでしょう。こうしたデメリットが呪術にはつきものです。

呪術は、「呪い信仰」と言い換えることもできます。同様に、あなたに備わる潜在力を信じれば、いつも以上の活躍で、快挙を遂げる可能性もあるといえるでしょう。
すべては、あなたの心次第なのです。

呪術の歴史

人が生活する中で誕生した呪術の歴史は、狩猟で生活をしていた有史前の原始時代まで遡ります。はじめは、体系化されていない原始的な呪術だったようです。

ヨーロッパ地域に残る旧石器時代の遺跡には、石器を用いた死体埋葬の儀礼が行われていたとされています。ドイツのホーレ・フェルス洞窟から発掘されたヴィーナス像は、今からおよそ3万5千年前に、マンモスの牙に彫られたものだそう。胸や腰などが大きく誇張され、多産や豊穣を象徴しているのではといわれています。

旧石器時代の遺跡・大分県岩戸遺跡からは「こけし形岩偶」が発見され、これを土偶のルーツとする説もありますが、岩偶は土偶ほど多く出土していないそうです。

その次の縄文時代は、1万年も続いたとされています。土器が発明され、食材の調理法が変わり、生活が豊かになったのでしょう。土器は、人の埋葬や祭儀などにも用いられていたそうです。土偶も多く発見され、その大半が壊れていることから、何かの儀式に使われていたのではといわれています。

女性や妊娠を象った土偶が多く、腹部を砕かれていることから豊穣を、墓に埋められていたことから、故人が再び生まれてくることを祈願したのではとされる一方で、悪霊を土偶に移す意味で、形代として用いられたとも推測されています。いずれにしても、呪術のための呪具であった可能性が高いといえるでしょう。

一方、同時代のエジプト文明やメソポタミア文明。謎に包まれた古代エジプトのピラミッドやミイラは、まさに呪術の痕跡です。神々を信仰し、神としての権力者の魂の永遠と復活を祈り、ミイラとして埋葬したとされています。

メソポタミアでは、占星術で未来を占い、災いを避けるために呪術を執り行っていたのでしょう。エンキドゥの呪いが『ギルガメシュ叙事詩』にあるように、呪いは、当時の人々にとって、身近なものだったのかもしれません。

弥生時代に入ると、古代日本に邪馬台国が生まれ、女王卑弥呼が統治する時代になります。その活躍は、古代中国の『三国志』に残されるだけという謎多き卑弥呼ですが、鬼道という呪術を使い、骨を焼いて吉凶を占うなど、シャーマン的存在だったのではといわれています。卑弥呼の墓には１００人の奴婢が殉葬されたそうです。

古代は、こうした卑弥呼のような人物が、人々が集まるコロニーを取り仕切り、巫女や魔女として、世界の各地で活躍していたと考えられています。

権力者の墓である古墳には、人柱が捧げられましたが、古墳時代になると、代わって埴輪が用いられるようになっていきます。とはいえ、自然災害を恐れての人柱などは、その後も続けられていたようです。鎌倉時代から語り継がれていた、新潟県猿供養寺の地すべり被害を止めた僧侶らしき遺体も、１９３７年に発見されています。

大和朝廷の統一が進むと、大陸から仏教が伝わり、日本の呪術にも影響していきます。ヨーロッパでは、ゲルマンの大移動が起こり、呪術や占いに用いられたとされるルーン文字が、各地に広がっていきました。人が生み出す信仰や呪術は、人が動くことで伝承されてきたのです。

メジャーな信仰ばかりではなく、その地域固有の土着的な民間信仰もあります。コロニーの中で執り行われる、独自の儀式や呪術もたくさんあったでしょう。文字の読み書きがままならない時代のものは、そこで淘汰されてしまったかもしれません。

飛鳥時代には、「長屋王の変」にまつわる呪いの伝説があります。「呪術で国家転覆を狙っている」と密告された長屋王が怨霊となり、藤原四子政権を樹立した4人を祟り、病死させたという話です。平安時代に編まれた『続日本紀』には、「東人は長屋王の事を誣告せし人なり」との記載があり、長屋王を無罪とする見解が残されています。

ほかにも、聖徳太子の呪いが疫病を流行らせたなど、歴史上人物にまつわる呪いが多く伝わります。政権争いでの盛衰に呪いが影響していると人々が信じたことと、証拠が曖昧でも呪いなら成立することから、冤罪も生まれていたと考えられます。成功・不成功に関わらず、政治に呪術の力を利用していた時代があったのです。

朝鮮半島からもたらされた「呪禁道」は、体系化された呪術でした。医療技術であり、刺客や猛獣、事故などから身を守る呪術だったそうです。古代中国からの道教や陰陽五行思想、インドで成立した密教なども導入され、日本に浸透していきました。こうした教えが、日本で独自に進化を遂げて、日本の陰陽道が生まれたのです。

一方、日本古来の信仰や神道では、神仏習合を遂げ、修験道や山岳宗教などが生まれ、それぞれが独自の呪術を行うようになりました。流入された思想と古来の思想が混じり合い、それが日本の呪術となったのです。

最澄と空海がもたらした密教と、安倍晴明で脚光を浴びた陰陽道が台頭した平安時代。鎮護国家の目的に、敵を調伏し、病を治し、天候を操るといった呪術色が加味されて、呪術で戦う『呪術合戦』へと発展していきます。

さらに、呪術のニーズは庶民にも広まりました。呪術師の人材不足から、呪術のあんちょこ『秘書』が流布され、多くの人が手軽に呪術を行うようになります。今も昔も変わらずに編まれる『秘書』なのです。

呪術の種類

厭魅（えんみ）

厭魅は、「丑の刻参り」のように、人形や形代などを使う呪法のことです。藁人形に限らず、木片や紙で作った人形などを使う呪術も厭魅に入ります。人形に、相手の名前や年齢を記したり、髪や爪、歯などを入れることもありますが、髪や爪などのほかに、相手の愛用品や衣服をターゲットに見立てて呪うこともあります。

使鬼神（しきじん）

鬼神や妖魔などを使役して、相手を呪う呪法です。安倍晴明の式神や、役小角《えんのおづの》の前鬼と後鬼などが有名でしょう。使役する「使い魔」に、相手を見張らせたり、何かを盗ませたり、災いのタネを持ち込ませるなどして、呪術を達成します。動物霊を使役するものが一般的で、管狐《くだぎつね》や人狐《にんこ》、イズナ、犬神や猫鬼《びょうき》、トウビョウなどがあります。

巫蠱（ふこ）

蠱術や蠱道とも呼ばれる巫蠱です。「蠱」の字は、皿の上に3つの虫と記されます。虫や爬虫類などをひとつの容器に入れ、最後の生き残りを「蠱」として使う呪法です。蠱の怨念や毒性を用いるか、蠱を食べさせることで呪います。

符呪（ふじゅ）

お札である呪符、霊符などを使う呪法です。祈りを込めて記した符を祀ったり、持ち歩いたり、相手に持たせるなどして、そのご利益にあずかります。符の種類によって、特別な儀式や使い方をするものなど、多岐に渡って存在しています。

憑物落とし（つきものおとし）

生霊や死霊、怨霊、動物霊など、何かしらの憑物を祓い落す呪法です。憑物は、恨みを買った相手から飛ばされた念だったり、どこかで拾った浮遊霊の場合も。肝試しで訪れた心霊スポットで憑物に魅入られて、とり憑かれることもあります。重なる不幸や災難から、憑物を疑うこともあるでしょう。憑物の種類に応じて、落とし方が変わります。

呪詛返し（じゅそがえし）

呪いをかけられて、調伏されそうなときに、呪詛を相手に返す、呪い返しの呪法です。相手からかけられた呪詛の倍以上の強さで呪い返す呪詛返しは、とても強力なものとされています。それだけのパワーを持つ呪詛返しの術だからこそ、相手に呪いをかけ戻し、絶大な効果を得ることができるのです。

呪具について

イギリスの社会人類学者ジェームズ・ジョージ・フレーザーの呪術の分類によると、呪術は呪具によって、『類感呪術』と『感染呪術』に分けられます。対象者に見立てたものを呪物とする類感呪術と、対象者が身につけていたものを呪物とする感染呪術です。どちらも、呪術が終わると処分される消耗品です。

人形や依り代

対象者に見立てた人形や呪符、撫で物、その人の写真など。人形や写真に髪の毛などを添えることもありますが、対象者自身として、または、対象者の病や不運などの穢れを移した撫で物として、身代わりにします。

愛用品や身体の一部

対象者の愛用品や衣服、髪、爪、歯、足跡など、対象者が直接触れたものや、対象者の一部だったもの。対象者に見立てて用います。

その他、効果的な呪具としては、言葉・文字があります。神仏に祈る祭文となる言葉には、言霊としての力が宿ります。憎い相手の不幸を願い、「死ね」「苦しめ」などと発したり、言葉として記すことで、呪いが生まれてしまうのです。

氏名

相手を直接的に表す対象者の氏名。人物の名を言葉で発することはもちろんですが、文字で記すことでも言霊となり、対象者を支配します。

〈呪術者愛用の呪物〉

数珠や本尊など、呪術者を守り、力となり、呪術の効果を高めるためのもの。
呪術は本来、修行者が行うので、信心する本尊と決まった持ち物があります。

菅原道真と平将門

日本三大怨霊の呪い その1

強い恨みや憎しみを抱き怨霊となった魂……神として祀り崇められている、日本三大怨霊の呪いがあります。

北野天満宮に祀られる学問の神・菅原道真は、天皇への陰謀を企てていると触れ込んだ藤原時平の計略で、無実の罪で大宰府に幽閉されて非業の死を遂げます。道真の死後、干ばつや疫病、計略に加担した蔵人頭は宮廷内の落雷で絶命し、時平と親しい源光は狩猟中に沼に落ちて死亡、権力を握った時平は突然死、後醍醐天皇と皇太子は病死と、不幸が相次ぎ、道真の怨霊の呪いと恐れられました。左遷された道長と文通を続けていた時平の弟・忠平とその子孫は無傷のままに栄え、藤原氏の本流となったのです。

神田明神に祀られる平将門は、東国を席巻し、新国家樹立の前に、将門の乱で討伐されました。朝廷は討伐隊を送り、国家の危機を救う密教の秘法「太元帥法」を用い、東大寺や国分寺などにも加持祈祷を行わせました。調伏壇には、土で作った将門の首を供え、七日間祈祷したそうです。京で晒し首にされた将門の首は、目を閉じず、歯ぎしりをし、体を求めて飛んだ先が「将門の首塚」。第二次大戦後、進駐軍が塚を取り壊そうとした際にも負傷者が出るなど、千年以上も呪いは衰えません。

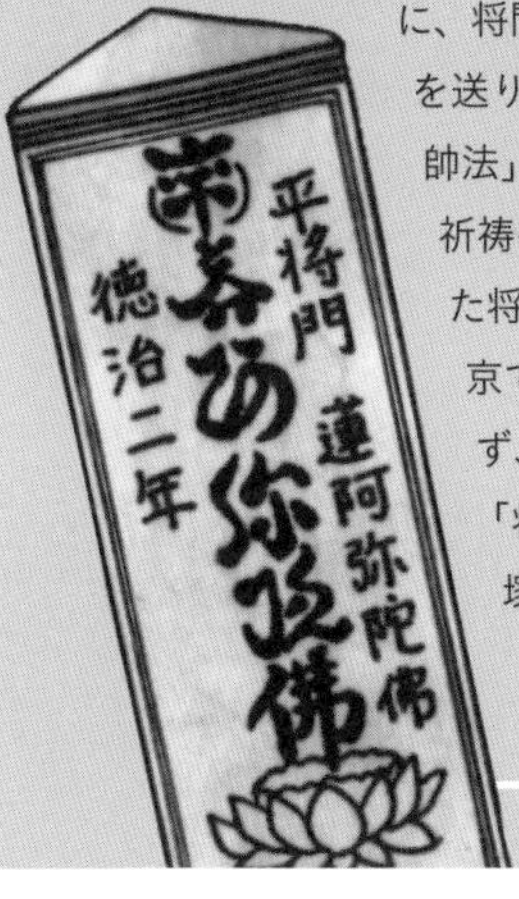

崇徳上皇の呪い

日本三大怨霊の呪い その2

日本三大怨霊のひとつとされる崇徳天皇の呪いは、保元の乱に伝わります。鳥羽天皇と藤原璋子の第一皇子・崇徳天皇は、3歳で第七十五代天皇となりました。しかし、藤原得子を寵愛した鳥羽上皇は、ふたりの間に生まれた躰仁《なりひと》親王に皇位を譲位させるために、10歳の崇徳天皇を上皇としたのです。

父・鳥羽法皇が崩御すると、崇徳上皇は実権を取り戻そうと戦いを挑み、躰仁親王の後に天皇となった後白河天皇派と崇徳上皇派の皇位継承争い「保元の乱」が勃発しました。

戦いに敗れた崇徳上皇は出家を決意しますが、讃岐国に配流されてしまいます。経典の写本に精を出し、京に送るものの、呪詛が込められていると後白河天皇から送り返され、「我、日本国の大魔縁となり、皇を取って民とし民を皇となさん」と、血で写本に記したそうです。

崇徳上皇が崩御すると、後白河法皇の身内が相次いで亡くなります。延暦寺の強訴や安元の大火などの大事件が続いて起こり、崇徳上皇の怨霊と恐れられるようになりました。

崇徳上皇の怨霊の恐怖は続き、明治時代以降の天皇も崇徳上皇の鎮魂の行事を行っています。

二章

呪術の作法

呪具と道具

——呪具・その他の道具の揃え方・処分方法

呪術によっては、さまざまな道具や材料を使います。ちょうどいいアリモノがあったとしても、それは使わずに、呪術のために用意したものを使いましょう。レアなアイテムや、高価で手に入れにくいものだったり、あえて、使い古したものを用いるなどの特別な条件がない限り、呪術用に仕入れた新品を使うことが鉄則です。

また、硯や筆といった、さまざまな呪術で必要になる道具は、あなたにとっての呪術専用具として、呪術のときにだけ使うものにしておきましょう。使わないときは、きちんと整備して、清潔に保管してください。

処分する際は、特記のあるものはそれに従い、特記のないものは、「これにて呪術を終わらせます」という意志に感謝を添えて、塩を振って破棄します。捨てることに抵抗があるものは、神社のお炊き上げに出すか、自分で燃やして灰にします。

呪術前の禊

――呪術は身を清めてから

呪術は、大いなる存在や力を目覚めさせて行う神聖な儀式です。願いがどんなものであろうと、儀式の場やあなた自身を、清める必要があります。

汚れて雑然としていて、呪術への集中力を損なうことがないように、呪術を行う部屋は整えておかねばいけません。キレイに掃除を行い、空気を入れ替え、きちんと整頓し、整然とした清浄な空間にしておきましょう。

禊ぎの方法の記載があるものはそれに従い、記載がない場合も、最低でも口をすすぎ、できれば顔も洗いましょう。シャワーを浴びて、おろしたての下着と、リラックスできる清潔な服に着替えるのもおすすめです。儀式への集中力が上がり、効果を出しやすくなるでしょう。

呪術前の性行為もやめましょう。エネルギーを消耗し、他者とのエネルギーを混ぜ合わさる性行為は、呪術の妨げになります。また、呪術への疑いを棄てることも重要です。疑いの気持ちは、あなた自身の穢れとなり、禊の効果を消しかねません。

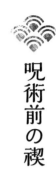

実行のタイミング
――いつ呪術を行うと効果的か

呪術のタイミングに指定があるものは、それに従います。特別な指定のないものは、月相に合わせて、人に見つかりにくい誰もが寝静まった深夜に行うといいでしょう。

愛を成就させたり、魅力をアップするなどのプラスに向けるための呪術は新月、または、新月から満月に向かっていく期間にスタートしてください。

ライバルの勢いを封じたり、災いを減らしたいといったマイナス方向に進める呪術は、満月、または、月が欠けていく満月から新月に向かう期間に始めましょう。

秘密で行う
――秘密裏に。法的にも秘密にすべき

呪術は、人に知られると効力が弱まるか、無効になることがあります。また、自らに災いがかかることもありますので、他言せず、人に見つからないように秘密裏に行いましょう。

奈良時代には、呪詛を禁じる勅令がたびたび出されていました。「大宝律令」には、巫蠱（まじない）を禁ずる条があり、「養老律令」には「蠱毒厭魅」を禁ずる記載が残されています。現代の日本の法律では、「呪い」は禁じられていませんが、それは、被害と呪いの関係を科学的に証明できないからでしょう。しかし、「呪い」が、相手への嫌がらせ行為と見なされたり、脅迫罪として罰せられる可能性はあります。精神疾患を患っているとされ、入院させられてしまうこともあるかもしれません。

また、人を呪うようなことをしていると、第三者に知られることで、よくないイメージを持たれ、嫌われてしまうこともあるでしょう。

いずれにしても、誰にも知られることなく、極秘で行うべきです。

心の準備　――どんな心持ちでやると、効果的か

呪術には心の力が大きく作用します。呪力を信じて疑わないことが、呪術を成功させる基本です。「効く」という前提で真剣に行いましょう。呪術は、大いなる存在や力を目覚めさせて

行う神聖な儀式ですから、疑いを持つということは、大いなるものを否定することにつながり、自らを危険にさらす可能性もあります。少しでも疑うならやめておきましょう。

また、呪術を行うときは、呪術のテーマに合った精神状態を保つことも重要です。好きな人と幸せになることを願う呪術でイライラしていたり、人を呪う際に、穏やかで充実した気持ちでいては、逆効果を招きかねません。

期間 ──呪術の有効期間、連続してやっていいのか

呪術を行ったけれど、効果がないからといって、すぐにほかの呪術を試してはいけません。ひとつの呪術を選び、その呪術だけに専念することです。いくつもの呪術を同時に行うと、集中力が不足するばかりか、呪術と呪術が作用し合い、よくない副作用を生じるかもしれません。

効果が出るまでの期間は、呪術の種類や行うときの状況、心の状態などで変わります。呪術によっては、莫大な回数のお経や真言を唱えるもの、準備だけで日数がかかるものもあります。何度も繰り返し、根気よく続けるしかないでしょう。

結果が出るまでの期間はまちまちで、早いものなら3日から1カ月程度、通常なら3カ月から半年くらいを目安に、様子を見ましょう。

呪術をやりなおす、別の呪術を行うなら、最低でも3カ月は置いてください。

最後の覚悟

――人を呪わば穴二つ。覚悟のほどを促す

呪術には、対価となる代償が欠かせません。自分にかける呪術でも、人にかける呪術でも、人の未来に何らかの影響を及ぼすからです。呪いを施したことで精神が不安定になったり、悪夢にうなされるなど、よくない副作用に見舞われ、呪術を行う前よりも悪い状態に陥ることもあるでしょう。

相手を守護する霊的存在の力が、あなたを守護する存在より強い場合、呪うと同時に呪い返しを受ける可能性もあります。呪術に頼るしかないと思うときは、精神的に参っているときでもあるはず。逃げたい気持ちだけで呪術に走らず、まずは、心身のコンディションを整えて、万全な状態にしましょう。

また、好きな人を呪術で振り向かせたものの、別の相手を好きになってしまうことや、呪った相手を誤解していただけで、実は呪う相手を間違えていたら大変です。1度かけた呪いは、取り消すことができません。叶えたい望みをしっかり分析し、本当に呪術が必要なのかを確認しましょう。不満があって気に入らないというだけで呪おうとせず、実害をこうむっているかどうかも考えて、呪術以外に可能な対策がないのかを、冷静に見極めてください。

メリットにはデメリットがつきものです。宝クジに当たり、高級車を買って事故死する小話のように、大成後、何ものにも代えられない大切なものを失う場合もあります。このことを忘れずに、「そこまでして本当に叶えたいのか?」を自らに問いかけてください。

最後まで続け、まっとうしなければならない呪術です。相応の精神力を保ったまま、月日を費やしていくことになります。そこまで頑張る気力があるなら、呪術以外の方法で、目標を実現できる可能性もあるでしょう。そのことも踏まえて、今の自分にとってベストな手段を選ぶことが大事です。

行ったことを後悔してからでは遅いのです。

三章

呪術大全

恋愛成就呪術 ▼▼▼ 意中の相手をその気にさせる惚れ薬

イモリの黒《くろ》焼《や》き

歴史

漢方薬やサプリメントのようなもの、といえるのかもしれません。日本では、イタチ、イナゴ、ウジ、カエル、カラス、コウモリ、サル、スッポン、タニシ、トカゲ、ドジョウ、ヘビ、ヒルなど、さまざまな生きものや、人間の身体の一部や臓器などを黒焼きにして「民間薬」が作られていました。明治時代、墓から盗んだ死体の頭で黒焼きを作った事件もありました。現代でも、イモリの黒焼きは、媚薬や精力剤として販売されているようです。

用意するもの

❖アカハライモリ…15匹
❖フタ付きの素焼きの土器（直径15〜20cm程度）…1つ

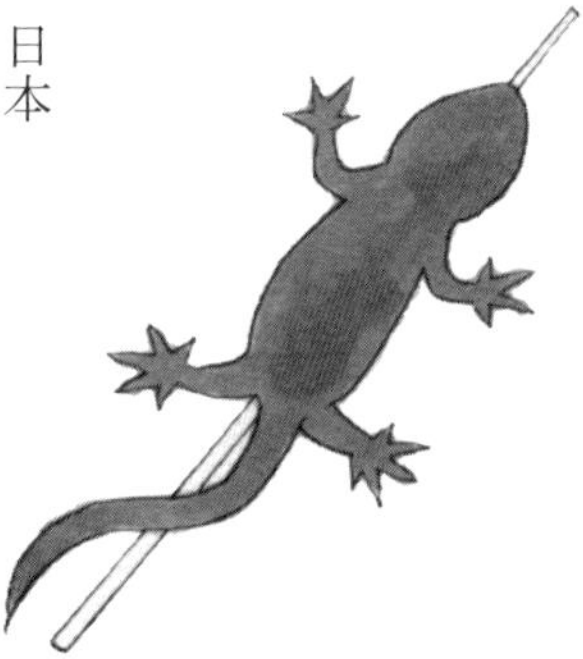

【黒焼き】
梅干の黒焼きは下痢止めに、髪の毛の黒焼きは止血作用、ウナギの黒焼きは肺結核に効果があるなどの、民間療法があったそうです。昭和初期に再版された『黒焼き療法五百種』によると、黒焼きは

❖壁土…適量
❖炭火…適量
❖すり鉢・すりこぎ…1つずつ

手順

1 丑の刻に、イモリを捕獲します。イモリは、お腹の赤いアカハライモリです。15匹に到達するまで、連日連夜続けます。捕獲したイモリは、手順**3**に着手するまでの期間、しっかり飼育します。

2 フタ付きの素焼きの土器は、直径15〜20㎝程度の大きさで、ぴったりとフタのできるものです。フタには、直径1㎝程度の穴を開けておきます。

3 禊ぎを行い、全身を洗い清めたら、イモリを1匹ずつ殺します。殺したところで、土器に入れ、穴を開けておいたフタで閉じます。

様々な症例に効いたとか。科学的に証明できないけれど、結果がすべて。「効いた」という事実はたくさんあるのです。

【丑の刻】
午前1時〜3時ごろ。

【アカハライモリ】
日本の固有種。お腹部分が赤色のためアカハライモリの名があり、ニホンイモリとも呼ばれます。水田や池、流れの緩やかな小川など、水中に生息。体長は10㎝〜くらい。オスの求愛行動がとても情熱的です。

❹フタが開かないように、壁土で塗り固めます。このとき、フタに開けた穴をふさいでしまわぬように注意します。終わったら、そのまま2日程度置いておき、壁土を乾かします。土器は、素焼きの窯となります。

❺4の土器を、炭火で、火加減を調整しながら、じっくりと1時間程度加熱します。黒焦げにしてはいけません。

❻土器を炭火から降ろします。そのまま冷まします。

❼フタを開けて、中身を取り出して広げ、乾燥させたところで、すり鉢に入れ、すりこぎですり潰します。イモリの黒焼きの完成です。

❽使うタイミングですが、「子の日の子の刻」に行うとベストです。イモリの黒焼きのパウダーを、意中の人の髪に振りかけたり、服や持ちものなどにすり込みます。歴史の中では、飲ませていたという説もありますが……。相手がその気になるでしょう。

【子の日の子の時】

十二支を使った年月日の表し方。例えば、2020年は子年。子の月は旧暦の11月で、おおむね新暦の12月。子の日は12日に一度やってきます。子の刻は午後11時～午前1時ごろ。

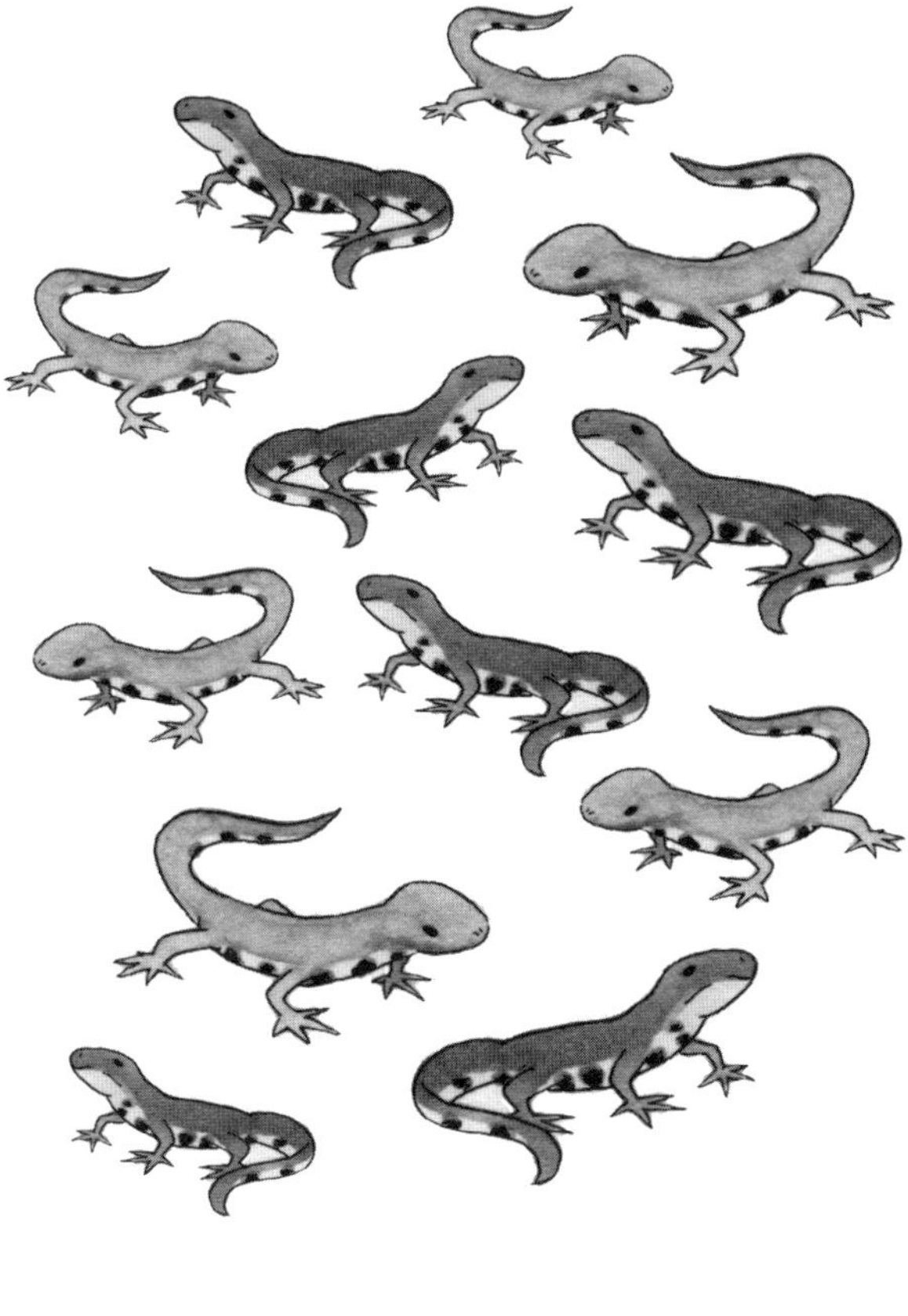

注意

生きものの命を呪術に使っても呪いを果たせなかった場合、自らがその生きものたちに呪われてしまう恐れもあるでしょう。たいへん危険な呪術といえます。動物愛護を問われてもおかしくはありません。

裏《うら》腹《はら》鏡《かがみ》

歴史

いつからはじまったものなのかはわかりませんが、江戸の遊女に伝わる呪術のひとつです。好きな人の悪口を書いて、それを鏡に貼り付ける「鏡の呪術」は効果が高く、時代を超えた現在でも、恋する人々から支持を得ています。時代によって、使用する鏡の種類や悪口の書き方、貼り方にも変化があるようですが、ここでは、『花柳界おまじないと怪談』に伝わる、実際に効果が出たという当時のやり方を紹介します。

用意するもの

❖手鏡…１枚
❖半紙（鏡のサイズにカットしたもの）…１枚

❖筆記用具（墨、硯、筆など）…1式
❖好きな人の個人情報（氏名、住所）
❖でんぷん糊…適宜

手順

1 用意した半紙に、筆を使い、相手の住所と氏名を楷書で書きます。
2 続けて相手のありとあらゆる悪口を、できるだけ多く書きます。
3 最後に、「死んだ」と大きな文字で書きます。
4 **3**を上下逆さまにして、手鏡の裏にでんぷん糊で貼り付けます。ほどなく、好きな人と会うことができるでしょう。

注意 相手が訪れた際に、悪口を書いた鏡を見られてはいけません。

【書く内容】
相手の住所と氏名を楷書で書いた後、「死んだ」と大きく書くだけの方法もあります。

【でんぷん糊】
ご飯粒をつぶして作った糊でも可。

恋愛成就呪術 ▼▼▼ 好きな人との再会を叶え、結ばれる

厠《かわや》神《がみ》との約《やく》束《そく》

歴史

穴が掘られただけの昔のトイレ「厠」。厠に集めた糞尿は、肥料として売られていました。溜まった糞尿に小さな子どもが落ちれば、命を落とすこともあったでしょう。便器から、スッと白い手が伸びてくるという怪談も、作り話とはいいきれません。生と死に結び付くトンネルのような存在でもある厠は、とてもミステリアスな場所。深夜の厠で、遊女たちが行っていた……恋占いや恋の儀式が数多く残されているのです。

用意するもの

❖トイレに流せるメモ用紙…1枚
❖好きな人の個人情報（住所、氏名、年齢）

❖ハサミ…1つ

手順

1　好きな人に会いに来てもらう日時を決めます。「○年○月○日○時」と具体的に。※ここで決めたスケジュールが、厠神との約束の期日になります。

2　好きな人の住所、氏名、年齢を暗記して、すらすらと言えるようにしておきます。

3　トイレに流せるメモ用紙を4つに折りたたみ、広げたときに紙の中央にあたる角をハサミで切り落とします。紙のセンターに穴を開ける要領です。

4　**3**を持って、午前2時〜3時の間に、ト

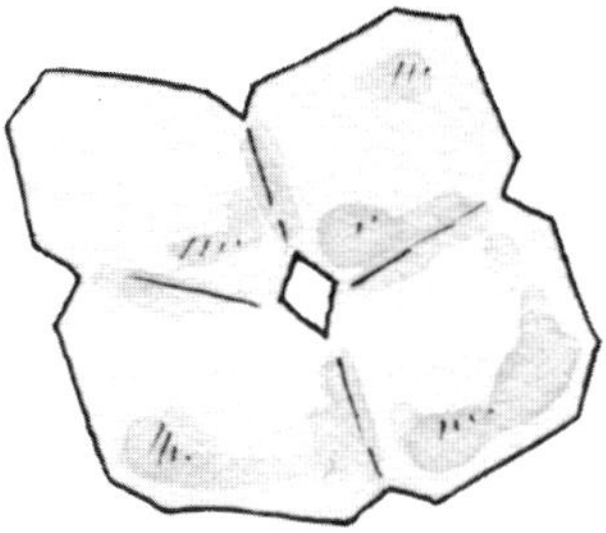

【厠神】
いわゆる「トイレの神様」。厠神信仰は、遊女だけのものではなく、大切な屋敷神の一柱として、また、女性の守護神として祀られてきました。

【トイレに流せるメモ用紙】
水に溶ける紙を使用のこと。

イレに入り、ドアを閉めます。

5 紙の穴に口を当てて、声を出さずに、好きな人の住所、氏名、年齢、来てほしい日時を唱えます。

6 厠神に恋愛成就を祈りながら、便器に紙を投げ入れて流し、後ろを振り返らずにトイレを出て、ドアを閉めます。願いが厠神に届いていれば、約束の日に、好きな人が来てくれるでしょう。

注意 本来は、懐紙（お茶席などで使われる和紙）を用いて、ぼっとん便所で行います。しかし、今はなかなかそれも難しいでしょう。そこで、水洗便所で行えるように、道具をアレンジしています。もしも、ぼっとん便所にめぐり合うことができたら、懐紙を使って、元来のやり方で行うのもいいでしょう。

恋愛成就呪術▼▼▼好きな人と結ばれる

川で結ぶ敬愛法《きょうあいほう》

歴史

仏道や修験道の修行をしていた行者は、時代の流れとともに多様化していったといわれています。江戸時代に入ると、民間の人々のための祈祷師として活躍しました。堂を持ち、農村に根付いた行者たちは、病気を治したり、憑きものを祓ったり、予言を行うなど、村人からの相談に乗るようになりました。さまざまなニーズに対応するために多くの呪法を編み出し、男女の出会いと別れを祈念する方法も生まれたようです。

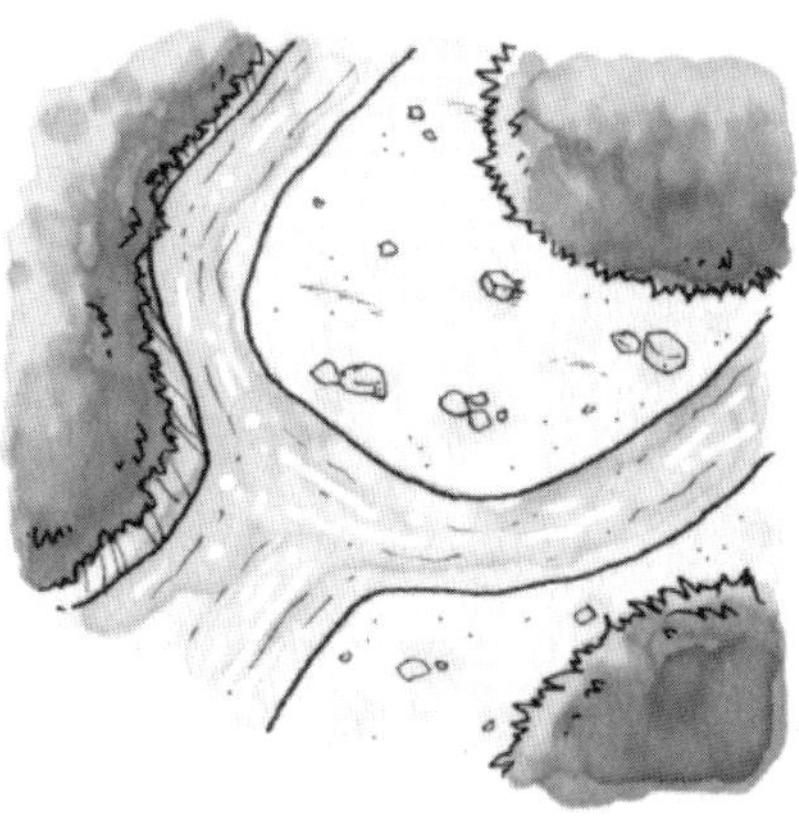

用意するもの

❖和紙…1枚

❖筆記用具（墨、硯、筆など）…1式
❖東の方向に伸びた枝で作った人形…2体
❖念珠の糸…適宜
❖2本の川が合流する地点からとった水…適宜
❖綿の巾着に入れた五穀…大さじ1杯ほど

手順

1. 新月の日に、全身を洗い清めたら、心を落ち着けます。
2. 1枚の和紙に、意中の人と自分の氏名を、2本の川が合流する地点からとった水ですった墨で書きます。
3. **2**の和紙を、2人の氏名が向き合うように折り、東の方向に伸びた枝で作った2体の人形で挟みます。
4. **3**を念珠の糸で、3か所をしっかりと結んで、恋愛成就を祈念し

【念珠の糸】
数珠をつなげている糸。

【五穀】
米・麦・粟・豆・黍または稗など。

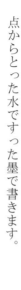

ます。

5 4を、綿の巾着に入れた五穀と一緒に、十字路に埋めます。

6 その日から毎朝、朝日に向かって7日間、般若心経を読誦します。

7 恋の相手と一緒になることだけでなく、お近付きになりたい相手と関係を結ぶことができるでしょう。人から愛されたいという願いを叶える敬愛法です。

般《はん》若《にゃ》心《しん》経《ぎょう》

観《かん》自《じ》在《ざい》菩《ぼ》薩《さつ》　行《ぎょう》深《じん》般《はん》若《にゃ》波《は》羅《ら》蜜《みっ》多《た》時《じ》　照《しょう》見《けん》五《ご》蘊《うん》　皆《かい》空《くう》

度《ど》一《いっ》切《さい》苦《く》厄《やく》　舎《しゃ》利《り》子《し》　色《しき》不《ふ》異《い》空《くう》　空《くう》不《ふ》異《い》色《しき》　色《しき》即《そく》是《ぜ》空《くう》

空《くう》即《そく》是《ぜ》色《しき》　受《じゅ》想《そう》行《ぎょう》識《しき》　亦《やく》復《ぶ》如《にょ》是《ぜ》　舎《しゃ》利《り》子《し》　是《ぜ》諸《しょ》法《ほう》空《くう》相《そう》

不《ふ》生《しょう》不《ふ》滅《めつ》　不《ふ》垢《く》不《ふ》浄《じょう》　不《ふ》増《ぞう》不《ふ》減《げん》　是《ぜ》故《こ》空《くう》中《ちゅう》

無《む》色《しき》無《む》受《じゅ》想《そう》行《ぎょう》識《しき》　無《む》眼《げん》耳《に》鼻《び》舌《ぜっ》身《しん》意《い》　無《む》色《しき》声《しょう》香《こう》味《み》触《そく》法《ほう》

【般若心経】

正式名称は「般若波羅蜜多心経」。三蔵法師がインドから持ち帰った「大般若経」600巻を266字で表現したものといわれる。悟りの境地を得る教え。

無眼界《むげんかい》　乃至無意識界《ないしむいしきかい》　無無明亦《むむみょうやく》　無無明尽《むむみょうじん》

乃至無老死《ないしむろうし》　亦無老死尽《やくむろうしじん》　無苦集滅道《むくしゅうめつどう》　無智亦無得《むちやくむとく》

以無所得故《いむしょとくこ》　菩提薩埵《ぼだいさった》　依般若波羅蜜多故《えはんにゃはらみったこ》

心無罣礙《しんむけいげ》　無罣礙故《むけいげこ》　無有恐怖《むうくふ》　遠離一切顛倒夢想《おんりいっさいてんどうむそう》

究竟涅槃《くうぎょうねはん》　三世諸仏《さんぜしょぶつ》　依般若波羅蜜多故《えはんにゃはらみったこ》

得阿耨多羅三藐三菩提《とくあのくたらさんみゃくさんぼだい》　故知般若波羅蜜多《こちはんにゃはらみった》

是大神呪《ぜだいじんしゅ》　是大明呪《ぜだいみょうしゅ》　是無上呪《ぜむじょうしゅ》　是無等等呪《ぜむとうどうしゅ》

能除一切苦《のうじょいっさいく》　真実不虚《しんじつふこ》　故説般若波羅蜜多呪《こせつはんにゃはらみったしゅ》

即説呪日《そくせつしゅわっ》　羯諦《ぎゃてい》　羯諦《ぎゃてい》　波羅羯諦《はらぎゃてい》　波羅僧羯諦《はらそうぎゃてい》

菩提薩婆訶《ぼじそわか》　般若心経《はんにゃしんぎょう》

注意

埋める十字路は、土の道を選ばなくてはいけないので、住んでいる場所によっては、近所にあるかは疑問です。埋めたものが掘り出されないように、数十センチは掘ったほうがいいでしょう。また、公道などに勝手に埋めてはいけません。

恋愛成就呪術▼▼▼結婚を叶える

鬼《き》子《し》母《も》神《じん》の成《せい》婚《こん》呪《じゅ》法《ほう》

歴史

室町時代に見つかったとされる鬼子母神像が、雑司ヶ谷の鬼子母神堂に安置されています。鬼子母神は、霊験の顕著さから人気を集め、信仰が盛んになりました。法華行者の守護神として崇められる女神です。口が裂け、角を生やした鬼神の姿と、子どもを抱く美しい天女の姿を持つ鬼子母神のふたつの顔は、自らの子を守るためのものなのかもしれません。子育ての実現に婚姻が必要であれば、あと押しとなってくれるでしょう。

用意するもの

❖鬼子母神の絵…1枚
❖祭壇（白い布をかけたテーブル）…1つ

❖供物（花、水、お菓子など）…適宜
❖沈香…1つ
❖灰…人形を作れる程度の量

手順

1 新月の夜、沈香を焚きます。被甲の印を結び、鬼子母神の陀羅尼《だらに》を、すらすら念誦できるように暗記します。覚えるまで、新月の夜ごとに繰り返します。

鬼子母神の陀羅尼

ノウモラチノウチラヤ・ダモガリチエイ・マカヤキャシティ・アボキャエイ・サツチエイハジネイ・ボタバリヤエイ・ジャダカリニエイ・ハンサホチラ・シャタハリバエイヒリカラエイ・バキャタサバサチバ・ノウバソキリタエイ・バキャンバンカリチエイ・キリタイヤバベイタイシャメイ・ボタテイジャバニナ・サバラタエイ・バガ

【沈香】
ジンチョウゲ科の常緑樹の樹液が、長い時間をかけ変質し、香りを発するようになったもの。特に質の良い沈香は「伽羅」と呼ばれます。

【被甲の印】

バンホラキシャシ・バガバンモシタシ・ハラホチラ・ビキンノウビノウヤカ・ボリハサンバニタトラダラ・マンチラバダホダラ・カラシャエイ・チニタヤ・シバタイ・バリバテイ・ネイチラカツチ・サツバキツバカラダエイソワカ

❷ 鬼子母神の陀羅尼がすらすら念誦できるようになったら、新月の夜に、灰を水でこねて人形を作ります。

❸ 部屋を清浄にし、水を浴びて身体を清めます。

❹ 祭壇を、部屋の東に設置し、そこに鬼子母神の絵を西向きに飾り、供物を供え、戸や窓を閉め切り部屋を真っ暗にします。

❺ 沈香を焚き、灰人形を供えます。その前で召請印を結び、理想の結婚をイメージしながら、鬼子母神の陀羅尼を１０８回念誦します。

❻ 灰人形を毎日７回拝むと鬼子母神が現れ、結婚が叶うでしょう。

【陀羅尼】
サンスクリット語の「ダーラニー」を漢字で表したもの。ダーラニーは、仏教の呪文的なお経、呪文の一種。

【召請印】

注意

鬼子母神が顕現しても安心はできません。秘密裏に念誦と供養を繰り返し、顕現に慣れるまで言葉を交わさずにいないと、災いがもたらされるそうです。

恋敵撃退呪術▼▼▼相手を仲違いさせる

藁《わら》人《にん》形《ぎょう》燃やし

歴史

呪いに用いられる藁人形は、憎悪する相手の身代わりとなる人形です。その人形に何らかの呪いをかけ、神仏に祈りを捧げることで、相手に呪いの効果を促します。丑の刻参りでは、藁人形を神社の御神木に五寸釘で打ち付けるとされています。しかし実はどれも俗伝で、具体的な方法はほとんど記されていません。藁人形の呪いの中で、現代まで残されている、藁人形で仲違いをさせる方法を紹介します。

用意するもの

❖藁人形…1体
❖相手の髪や爪、毒…適宜

【藁人形】
「藁人形＝呪い」と思われがちですが、死者を埋葬する際の副葬品として用いられたり、病気や災いを人から解くための、依り代でもありました。疫病を追いはらうために、道に藁人形を置いたとも伝えられています。

❖焚き木と火種（マッチ、ロウソク、新聞など）…1式

手順

1 相手の髪や爪などと、毒を混ぜ、藁人形にすりこみます。

2 丑の刻に、焚火をしても安全な場所で焚き木を組み、キャンプファイヤーのように火を起こします。

3 火が燃え上がったところで、思い人と仲違いさせたい相手（恋敵）に見立てた藁人形に呪いを込め、火の中に投じます。

4 藁人形をしっかり燃やします。燃え尽きるまで待ちます。

5 燃え切ったところで、灰を回収し、風で飛ばすか、霊場に撒きます。灰が消えるときに、呪いが叶うでしょう。

注意 火の後始末と扱いに注意を。不審者や放火として通報される可能性もあります。

【毒】
トリカブト、ベラドンナなど、自然界にある毒が望ましいでしょう。

【丑の刻】
午前1時〜3時ごろ。

【霊場】
斎場、火葬場のこと。

恋敵撃退呪術 ▼▼▼ 恋敵を鎮める

埋《まい》鎮《ちん》

歴史

埋鎮には、『宇治拾遺物語』の「御堂関白ノ御犬・晴明等、奇特ノ事」が伝わっています。藤原道長が法成寺を参詣した際、連れていた白い犬が道を阻みました。そこで、陰陽師・安倍晴明に占わせたところ、地中に埋まる道長を呪う呪物が見つかりました。呪物は、コヨリが十字にかけられた2枚重ねの土器で、内側になっていた土器の底には、「呪」の一文字が辰砂《しんしゃ》で記されていたそうです。

用意するもの

❖小ぶりの素焼きの土器の皿…同じものを2枚
❖筆記用具（朱墨、硯、筆など）…1式

【辰砂】
水銀硫化物。日本では朱砂、朱、丹と呼ばれ、赤い顔料として重用されました。

❖赤い和紙…1枚ほど

手順

1 土器の1枚の裏面に、恋敵を思い浮かべながら、朱墨で似顔絵を描いて、乾かします。

2 赤い和紙でコヨリを作ります。

3 もう1枚の土器の上に1の土器を重ねて、恋敵の顔が見えないようにします。

4 2で作ったコヨリで、3の土器を十字に縛ります。

5 家から東南の方向にある木の後ろ側に、4の土器を埋めます。

注意 埋めるときは、数十センチは掘ったほうがいいでしょう。掘り起こされると逆効果になります。

【コヨリ】
赤い和紙を2㎝幅程度に細長くカットして、それを斜めに、指でクルクルと巻き、紐状にしていきます。

恋敵撃退呪術 ▼▼▼ 恋のライバルを蹴散らす

大《だい》威《い》徳《とく》明《みょう》王《おう》調《ちょう》伏《ぶく》法《ほう》

歴史

「閻魔を倒す者」という意味の名を持つ大威徳明王は、降閻魔尊とも呼ばれ、調伏の霊験の威力で知られています。戦勝祈願の対象として崇敬され、鎌倉時代の蒙古襲来の際に、朝廷の命令によって、大威徳明王調伏法が全国で行われました。モンゴル軍の2回の侵攻はともに暴風雨に阻まれ、多大な被害を出して撤退していったと伝わっています。

用意するもの

❖祭壇（白い布をかけたテーブル）…１つ
❖人形（相手に見立て、黒泥で作り乾かしたもの）…１体
❖焚き木と火種（マッチ、ロウソク、新聞など）…１式

【調伏】修行によって自らを高め、障害を抑え込むこと。

❖獣の骨で作った杭（18cm程度あると望ましい）…5本
❖和紙…5枚
❖花…4輪
❖黒色の三角の板…1枚
❖獣の糞…適量
❖安息香…1つ
❖金槌…1つ

手順

1. 部屋を清浄にし、水を浴びて身体を清めます。
2. 部屋の南に祭壇を設置し、和紙を祭壇の四隅に敷き、花をそれぞれにのせます。
3. 祭壇の中央に、残った1枚の和紙を敷き、その上に三角の板の角の1つを南に向けるように乗せます。
4. 大独鈷印を結び、大威徳明王の真言「オン・シュチリ・キャラロハ・ウンケンソワカ」を、1万回唱えます。

【安息香】

エゴイノキ科のアンソクコウノキの樹液を固めたもの。気持ちを落ち着かせる効果があると言います。英名はベンゾイン。

【大独鈷印】

5 黒色の三角の板の上に人形を仰向けに置き、その腹に獣の糞を塗ります。

6 **5**の人形に、獣の骨で作った杭を1本ずつ順に刺します。大威徳明王の真言を108回唱えて人形の左の肩に刺し、再び108回真言を唱えて右の肩に刺し、また108回唱えて左の脛に刺し、さらに108回唱えて右の脛に刺し、最後に心臓に刺して108回唱えます。

7 安息香を焚いて、大威徳明王の真言を1万回唱えます。

8 「オンアクウン」と呪を唱えながら、人形を金槌で叩き、木っ端みじんにして火に投じます。恋敵は消滅するでしょう。

注意 呪殺目的に生まれた、危険な呪術。相応の覚悟が必要です。火の後始末と扱いにも要注意。かなりハードルの高い呪術です。

【大威徳明王の真言】
就寝前にこれを7回唱えると、悪夢が消滅するとも伝わっています。

戻《もど》り狐《ぎつね》

肉体関係のあった相手を呼び戻す

歴史

恋をして相手を想い、幸せな月日をともに過ごしたものの、何らかの理由や事情で疎遠となってしまった関係は、今も昔も変わることなく、よくある話のひとつでしょう。身体の関係にまで発展したのに別れると、心身ともに相手を忘れられず、次の恋に進むことも憚られます。こんなときに、戻狐の呪術を使い、復活愛を叶えていた人々がいたようです。効果の絶大さから、2度と使いたくないと思ってしまう人がいたという、戻狐を紹介します。

用意するもの

❖和紙…1枚

❖筆記用具（墨、硯、筆など）…1式
❖でんぷん糊…適宜
❖3段以上ある引き出しや棚…新規にあつらえるか、使用中のものでも可

手順

1 新月の日の丑の刻に、相手の家の方角を向き、相手との復縁に願いを込めて、和紙に「狐」と書きます。

2 1の和紙を、上から3段目の引き出しか棚の裏側に、でんぷん糊で貼り付けます。

3 その後、引き出しの中から、または棚から物が落ちると、間もなく、相手が現れるでしょう。

注意 和紙を貼った引き出しか棚から物が落下することが、相手との再会のシグナルになりますが、わざと落としたり、落ちやすいようにすると、正しいシグナルを受け取れなくなるでしょう。いつも通りにしておくことが重要です。

【でんぷん糊】 ご飯粒をつぶして作った糊でも可。

【丑の刻】 午前1時〜3時ごろ。丑の刻の「丑」の字に、「糸」を書き足すと、「紐」になります。丑の刻の呪術は、結ばれた縁を手繰り寄せる紐になるのです。

【狐】 「狐」には「来つ寝」の意味があり、再び相手が現れて、一緒に眠ることを表します。

復活愛呪術▼▼▼忘れられない相手とよりを戻す

蛙《かえる》針《ばり》

歴史

蛙は、「無事に帰る」という語呂合わせから、古来、帰って来ることを祈るお守りとされていました。現代でも、縁起物として、お土産物などで見かけることも多いでしょう。財布に入れれば、お金が戻って来るということで、金運のお守りにされることもあります。これは江戸時代の吉原で流行した蛙の呪術です。自由な恋愛を許されぬ遊女たちは、忘れられないあの人との再会を望んでいたのです。蛙のご利益は絶大だったとか。

用意するもの

❖折り紙（蛙の緑色 or 相手の好きな色など）…1枚

【蛙】
蛙は冬眠をして、黄泉の国から蘇るように春になると目覚めます。まさに「よみがえる」の象徴といえます。蛙の力が恋を蘇らせるのです。

❖筆記用具（墨、硯、筆など）…1式
❖まち針…1本
❖フタつきの箱（蛙を入れられる程度のサイズで、まち針が刺さる素材のもの）…1つ

手順

1 折り紙の裏面（色がついていない方）の中央に、相手の氏名と年齢を筆で記して、乾かします。

2 古典折り紙の折り方で蛙を折ります。相手との復縁への祈りを込めて、丁寧に美しく折ります。

3 蛙を折り上げたところで、「（相手の氏名）は、我がもとに帰る」と唱え、息を吹き込んで蛙を膨らませます。

4 **3**の蛙を箱に入れ、箱の中で位置が動かぬように、まち針を刺し

【古典折り紙の折り方】
蛙が折れるようになっている「古典折り紙キット」が市販されています。

て止めたら、フタを閉じます。箱はそのまま大事に収納しておきます。誰にも見られないように注意してください。

5 身動きのとれない蛙が、愛しいあの人を呼び戻してくれるでしょう。願いが叶ったら、まち針を抜いて、蛙を箱から出し、いったん、水面（洗面器の水など）に開放した後で、蛙もまち針も箱も処分します。

注意 針は、必ず、手芸用の「まち針」を使ってください。愛しい人を傷つける針ではなく、待っているあなたのもとに帰らせるための「待ち針」です。

復活愛呪術▼▼▼あきらめきれない相手とよりを戻す

復縁の呪箱《じゅばこ》

歴史

町人の生活が豊かになった江戸時代には、多くの文化が生まれました。歌舞伎などの芸能も盛んになり、恐怖を楽しむ怪談も流行し、多くの幽霊画が残されています。霊的なものを身近に感じ、その力を使うことができれば、不可能が可能になるのではと考えるのはとても自然です。花柳界をはじめに、広く伝わったであろうおまじないと怪談があります。明治時代の終わりに編まれた『花柳界おまじないと怪談』からの民間呪術です。

用意するもの

❖半紙…1枚

❖筆記用具（朱墨、硯、筆など）…1式
❖フタ付きの木箱…1つ
❖釘…3本
❖金槌…1つ

手順

1 友引の日の朝か夕方に行います。半紙の下半分に、相手の氏名を書き、その下に年齢を記します。

2 **1**の半紙の上半分のほうに、「ばらの花、針のあるのも知らずして」と、楷書で読みやすいように、朱墨で丁寧に書きます。

3 **2**の半紙を、書いたものを内側にしてキレイに折りたたんで、フタ付きの木箱に入れます。

4 **3**の木箱に金槌で釘を打ち、開けられないようにしっかりと閉じます。まず、箱の1辺の中央に1本目を打ちます。その辺を手前に

【友引】

「ともに引き合う」友引の日です。ふたりがともに引き合うように祈るのに相応しい日です。友引の日の正午近辺の時間帯は大凶なので、大いに吉とされる朝か夕方が、呪箱作りに最適です。ちなみに、朝と夕方～夜は吉。昼間は凶運の日。現代では、勝負事にも適している日で、葬式を避ける日で、勝負事にも適していません。ひと月に3～4日ほどあります。

箱を置いたら、そこから伸びる左右の2辺の奥寄りに、それぞれ1本ずつ、2本目と3本目を打ちます。

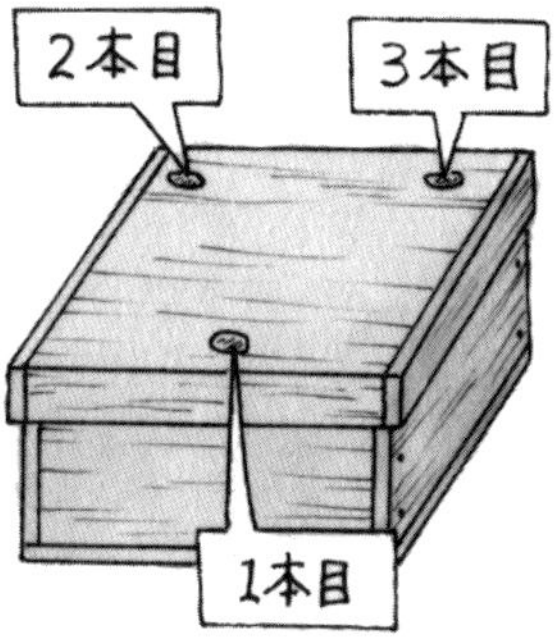

5 **4**の箱を、人目に付かないところに隠します。すると、約1カ月後〜1年以内くらいに、意中の人と再会し、その後、復縁できるでしょう。

6 復縁が叶ったときは、その夜のうちに箱を処分します。箱に付いた埃や汚れなどを落とすことなく、フタも開けず、そのままの状態で川に流します。

注意 誰かにフタを開けられてしまうと、効果がなくなるばかりか、呪箱を作ったことがバレてしまう恐れがあります。同居者のいる人は隠し場所に注意し、独り暮らしの人も、来客に荒らされないよう、注意が必要です。

呪術▼▼▼忘れられない相手とよりを戻す

鬼《き》子《し》母《も》神《じん》髑《どく》髏《ろ》法《ほう》

歴史

500人の子どもを産み育てながら、人間の子を食べていた鬼子母神。釈迦の導きで、一切の子どものための守護神となりました。鬼子母神の呪術のひとつである髑髏法は、敵を撃退する強力な呪術です。相手の家庭に災いをもたらし、原因不明の半狂乱に追い込みます。不倫などで悩める人の略奪愛にふさわしい秘法といえるでしょう。

用意するもの

❖祭壇（白い布をかけたテーブル）…1つ
❖沈香…1つ
❖供物（花、水、お菓子など）…適宜
❖人間の髑髏（墓場などから入手）…1個

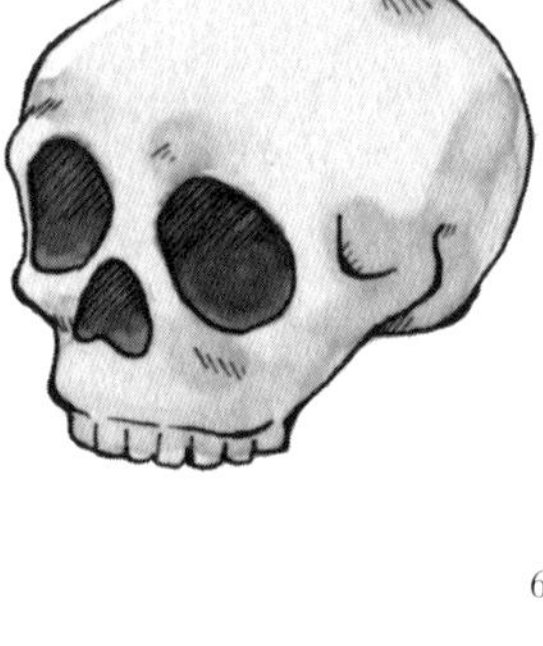

【髑髏】
狂暴で執着の強い者の髑髏ほど、効果があるとされていたようです。呪いたい相手をこらしめたところで満足したら、髑髏を撤収すると収まるとも言われています。

手順

1 鬼子母神の成婚呪法（P45）、手順の**1**を行います。鬼子母神の陀羅尼を、すらすら念誦できるように暗記しましょう。

2 暗記したら、部屋を清浄にし、水を浴びて身体を清めます。

3 祭壇を設置し、供物を供えたら祭壇の前に座り、沈香を焚いて、髑髏を供えます。

4 被甲の印を結び、相手への念を込めながら、鬼子母神の陀羅尼を108回念誦し、髑髏を加持します。

5 **4**の髑髏を、呪いたい相手の家に隠し置きます。

注意 墓荒らしや家宅侵入罪などで捕まる可能性もある、危険な呪術です。髑髏の災いが及ばぬように、終了後に、鬼子母神の真言「オン・ドドマリ・ギャキテイ・ソワカ」を自分に向けて21回、呪することが鉄則です。

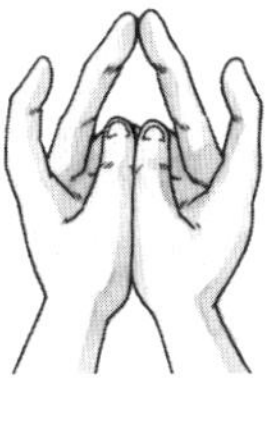

【被甲の印】

【加持】
棒や枝などを、振ったり叩いたりして、祈祷すること。

反《へん》閇《ばい》

歴史

古代中国王朝「夏」の禹王が行った呪術的な歩行法「禹《う》歩《ほ》」が、道教の呪術とともに日本に伝わり、「反閇」と呼ばれるようになったと言われています。陰陽道や修験道などで用いられ、宮中儀礼の神事として行われていました。平安時代に栄えた陰陽道と、日本古来の鎮魂の作法が反閇と習合し、神楽から猿楽にまで取り入れられました。三足、五足、九足など数ある反閇の中から、災いを祓って願いを叶える「北斗七星の反閇」を紹介します。

用意するもの

❖とくになし（相手の家の方角を調べておく）

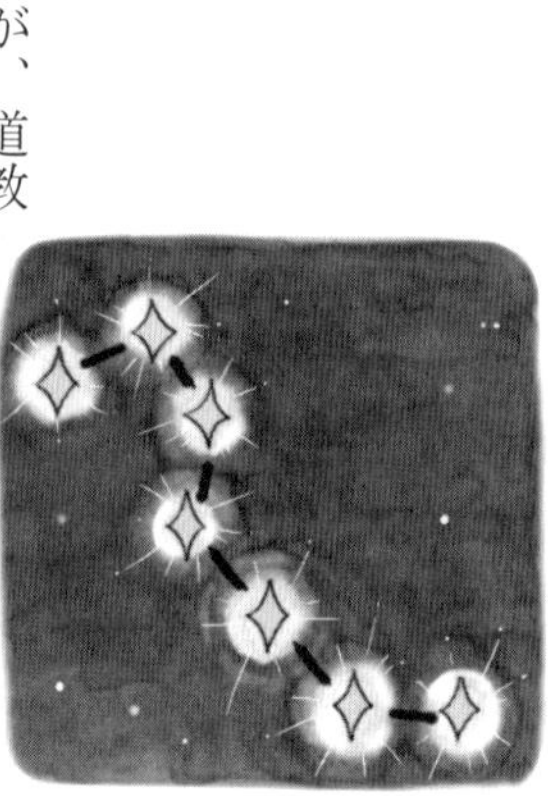

手順

1

全身を洗い清めたら、心を落ち着けます。意中の相手の家のある方向に向かって、相手の氏名を3度呼び、3度まばたきをして、5回深呼吸をします。気持ちが落ち着いたら、2〜9の手順で、星の真言を唱えながら、貪狼星から一歩ずつ、破軍星へと、反閇の歩みを進めていきます。

2

1の位置で両足をそろえて、少し右足を前に出すのが、まず一歩目です。右足を少し前に出すときに、貪狼星の真言「オンダラジタラジム」を唱えます。

3

二歩目。巨門星の真言「オンクロダラタム」を唱えながら、左足を右足にクロスさせながら摺り足で2へと出し、着地。

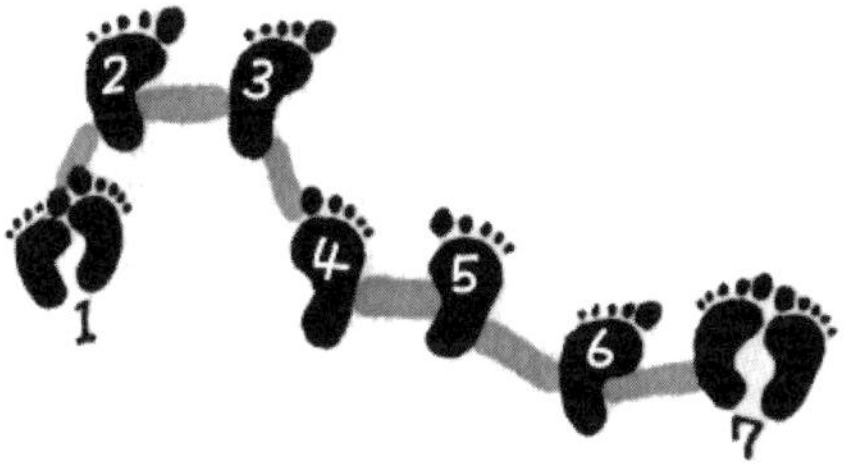

【星の真言】
星の真言　仏教の真実を秘める呪文。仏尊や星ごとに真言があります。

④ 三歩目。禄存星の真言「オンハラダギャム」を唱えながら、再び左足を摺り足で前に出し、3に着地。

⑤ 四歩目。文曲星の真言「オンイリダラタムン」を唱えながら、右足を左足の後ろを通るように摺り足をして、4に着地。

⑥ 五歩目。廉貞星の真言「オンドタラニオン」を唱えながら、右足を摺り足で横に出し、5に着地。

⑦ 六歩目。武曲星の真言「オンギャドロム」を唱えながら、左足を右足の後ろを通るように摺り足で横に出し、6に着地。

⑧ 七歩目。破軍星の真言「オンバサダカンダム」を唱えながら、右足を摺り足でやや前に出し、7に着地。

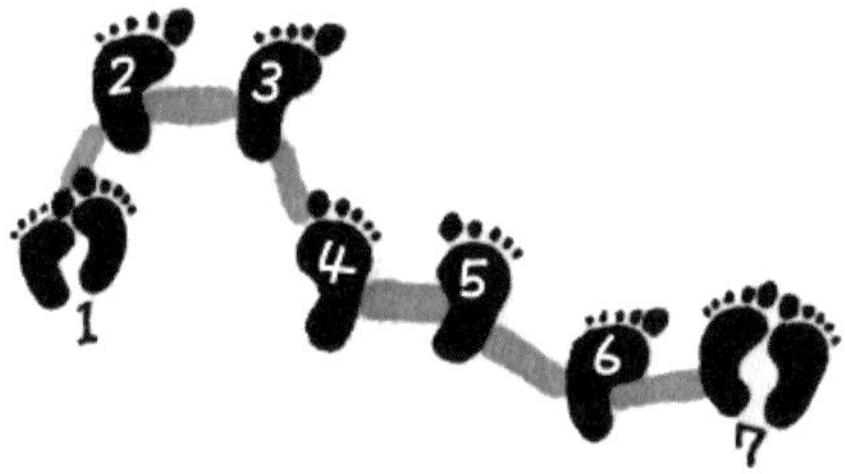

【反閇で描かれる星】
反閇の7つの星は、北斗七星の7つの星の、中国の古い呼び名。
それぞれ読み方は、
貪狼星（たんろうせい）
巨門星（きょもんせい）
禄存星（ろくぞんせい）
文曲星（もんごくせい）
廉貞星（れんていせい）
武曲星（ぶごくせい）
破軍星（はぐんせい）

⑨ 最後に左足を摺り足で、**7**の位置にある右足に合わせるように着地します。

⑩ **2**～**9**を何度も繰り返します。考えずにできるようになったら、略奪したい相手をひたすらに思い浮かべながら、反閇を行ってください。

注意 神事ですので、厳正な気持ちで行います。

浮気を封じて元の鞘に収まる

愛《あい》歓《かん》呪《じゅ》符《ふ》

歴史

悟りと、悟りを妨げる煩悩は、人間から切り離すことができません。しかし、煩悩から苦しみが生まれ、苦しみを克服するために心が悟りへと向かうのです。煩悩即菩提の明王・愛染明王は、人々の愛欲と怨憎を整えて、人の心を悟りへと導いてくださるといわれています。嫉妬心をなだめ、想い人の浮気を封じ、実りある関係を結ぶという望みも、届くでしょう。修験道に伝わるという、浮気封じの呪術を紹介します。

用意するもの

❖和紙…2枚

❖筆記用具（墨、硯、筆など）…1式

手順

1 部屋を清浄にし、水を浴びて身体を清め、嫉妬心を抑え、冷静になります。

2 愛染明王の真言「オン・マカラギャ・バザロウシュニシャ・バザラサトバ・ジャクウン・バンコク」を唱え続けながら、2枚の和紙にそれぞれ、下のお札を書きます。1枚ずつ丁寧に書き上げます。

3 **2**のお札の1枚は自分が携帯し、もう1枚は相手に持たせます。持ちものに忍ばせておいてもいいでしょう。相手の浮気心が封じられます。

注意 お札を書くことに集中しなければいけないので、真言は、事前に暗記しておくといいでしょう。

【真言】 サンスクリット語のマントラの意味。仏教における、神聖なる呪で、サンスクリット語そのままの音で伝えられています。

懐《かい》紙《し》箱《ばこ》

歴史

現代でも、お茶席などで使用されている「懐紙」。読んで字のごとく、懐に入れて持ち歩いていた紙で、その歴史は平安時代まで遡ります。平安貴族が愛用していた懐紙は、江戸時代の庶民にも普及し、鼻をかんで使い捨てていました。男と一夜を共にする遊郭の遊女たちも、夜伽の後処理に懐紙を使っていました。使用済みの懐紙の散らばる春画も残されています。そんな使用済みの懐紙を使う、浮気封じの呪いです。

用意するもの

❖懐紙…1〜2枚
❖フタ付きの箱…1つ
❖夜伽初回の相手の精液…すべて

手順

1 好きな人と夜伽をします。初回の時のみがチャンスです。

2 精液が出たところで、懐紙を使い、丁寧にすべてぬぐい、後処理をします。

3 相手にバレないように、使用済み懐紙を箱の中にしまい、フタを閉じると、浮気を封じることができます。使用済みの懐紙は、その男の身代わりで、箱は女の性器を象徴します。他の箱に入れなくするという呪いです。畳の下に使用済みの懐紙を隠し、畳を踏むことで、男の力を弱めるという方法も伝わります。

4 箱を隠し持つことで、他の女と肉体関係を結べなくなります。

注意 ふたりにとって初の夜伽のときに、後処理をした使用済み懐紙が必要になります。懐紙を得るチャンスは1回だけです。

【懐紙】
二つ折りにした和紙。読み方は「ふところがみ」または「かいし」。「てがみ」「たとうがみ」とも呼ばれます。現代では、茶道などで使われるのが一般的。

男のアレを腑抜けに

スルメの酢漬け

歴史

江戸時代の京や大阪の遊郭に伝わる、酢漬けの呪いがあります。遊郭の女たちは、好きな男ができても、相手の方から身受けを申し出されない限り、遊女を続けるしかありません。そこで、大事な男を見つけると、ほかの女に寝取られぬよう、男に呪いをかけていたそうです。当時、歯や骨をやわらかくすると信じられていた「酢」は、男の勃起を妨ぐのに役立つと思われていたのでしょう。酢漬けで腑抜けを促す、浮気封じの呪いです。

用意するもの

❖スルメ（干したもの）…1枚（同サイズの干した昆布でも代用可）

【スルメ】

干しスルメが、男の身代わりに用いられたのは、その硬さからでしょう。干し昆布も硬さから、代用品として用いられます。どちらも、酢漬けにすることでやわらかくなります。

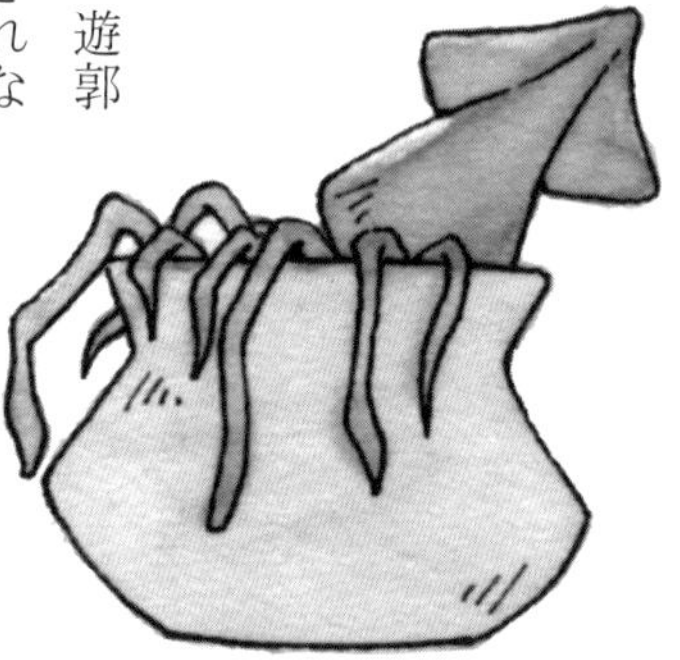

❖酢…適量
❖フタ付きの壺（スルメを浸せるサイズのもの）…1つ
❖ハサミ or ナイフ…1つ
❖針 or ピン…1本
❖筆記用具（墨、硯、筆など）…1式

手順

1 水を浴びて身体を清めたら、スルメを男の人型に切り抜きます。

2 墨をすり、人型のスルメに、男の氏名と年齢、干支を記したら、好きなところ一か所に針を刺します。

3 壺に酢を注ぎ、**2**のスルメをその中に入れ、フタを閉じます。

【干支】
男の生まれた年の干支のことですが、呪術では一年の区切りは2月4日～翌2月3日なので、1月生まれだと前の年の干支となります。
例：2020年（子年）1月生まれの干支は、亥年。

4 3を、縁の下などの暗所に置いたら、男が訪れるまで待ちます。

5 男が訪れたら、男と言葉を交わす前に、スルメを酢から取り出し、針を抜いて天日干しをします。針を抜くことで、男は、一緒にいると心身の不調がなくなり、元気になります。

5 男と再会し、言葉を交わした後、5のスルメをさらに天日でしっかり乾かします。干し終わったスルメは、処分します。

注意 男の勃起を止めることで、浮気を封じる呪いです。男が現れた際、男と言葉を交わす前に、スルメを酢から取り出し、ピンを抜き、天日で乾かす段取りが必須です。それを怠ると、男が他の女のところに行くだけでなく、肉体関係を結べぬままに、恋が壊れてしまいます。

悪縁切呪術▼▼▼悪縁を解く

2本の川の離別法

歴史

大化元年から和銅三年の平城京遷都までの白鳳時代。呪術者として知られる役小角《えんのおづの》（役行者）は、山岳信仰である修験道の開祖と言われ、多くの伝説が残されています。役小角は、17才で元興寺に学び、山林修行に入ると、全国の霊山といわれる山々をくまなく遍歴しながら、超人的な法力や行力を得たそうです。そのあとを追うかのように修行を続ける行者たちも、呪力を試していたのでしょう。行者に伝わる難易度の高い離別法です。

用意するもの

❖死体を火葬した際の煤…大さじ1ほど

❖膠《にかわ》…大さじ1ほど
❖2つの異なる川からとった水（2種類の川の水）…適宜
❖スギの木で作った人形…2体
❖筆記用具（硯代わりの小皿…2つ　筆…2本）
❖山鳥の尾羽…1本
❖糸…適宜
❖綿の巾着に入れた五穀

手順

1. 申の日の日没後に、全身を洗い清めたら、心を落ち着けます。
2. 死体を火葬した際の煤に膠を混ぜ、半分に分け、小皿に入れます。
3. **2**の一方は1つの川の水、もう一方は別の川の水で溶き、それを墨にします。
4. **3**で作った2種類の墨それぞれを自分用と別れたい相手用として、

【膠】
動物の骨、皮、腸、腱などを煮出して取り出したゼラチン。

【五穀】
米・麦・粟・豆・黍または稗など。

【申の日】
十二支を使った年月日の表し方。申の日は12日に一度やってきます。

一方の木人形に相手の、もう一方に自分の氏名を記します。

5

4の人形を背中合わせ（氏名のない方が背中）にして、山鳥の尾羽を挟んで別れを祈念します。

6

5の四か所を糸で結び、綿の巾着に入れた五穀と一緒に、道の十字路に埋めます。

7

翌朝、朝日に向かって般若心経を逆さから、7回読誦します。

8

最後に妙見咒《みょうけんしゅ》「オン・ソチリシュタ・ソワカ」を唱えます。

注意

般若心経は、相手との縁を結ぶ敬愛法に使われます。逆さまに読むことで、結ばれた縁を離すのでしょう。通常の読み方をしないよう、注意が必要です。

【般若心経を逆さから】
般若心経は恋愛成就呪術の「川で結ぶ敬愛法」P43を参照のこと。それを一番最後から逆さに読みます。
般若《はんにゃ》心経《しんぎょう》…菩《ぼ》提《じ》薩《そ》婆《わ》訶《か》
←
経《ぎょう》心《しん》若《にゃ》般《はん》　訶《か》婆《わ》薩《そ》提《じ》菩《ぼ》…

【妙見咒】
北極星または北斗七星を神格化した星神の真言です。人間の運命を司るとされています。

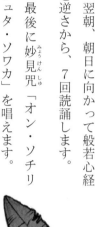

離《り》別《べつ》祭《さい》文《もん》

歴史

日本最古の法律と言われる『大宝令』には、「七三不去」という10の規定がありました。男性に優位な決まり事が並び、今なら女性の人権侵害とみなされ、世界から批難を受けるようなものです。結婚後、夫が理不尽なことをしていたとしても、妻は自分から別れを切り出せず、駆け込み寺に逃げ込むか、呪いに頼るしかなかったでしょう。「離別祭文」は、奈良元興寺の極楽坊の古文書に伝わる、別れのための祈祷です。

用意するもの

❖白絹…7枚　❖イヌダテ…1本

❖青、赤、白、黒、黄、紫、緑の紙…各1枚ずつ

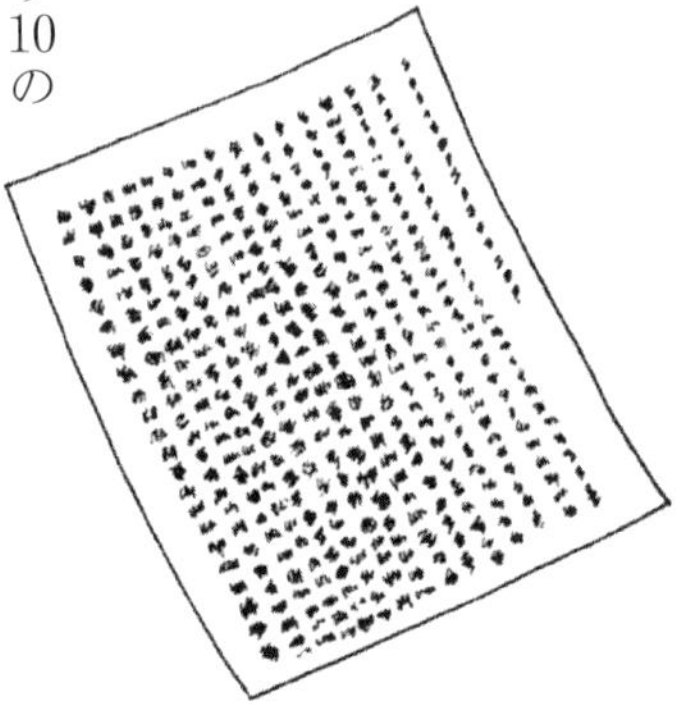

【イヌダテ】
「タデ科」「イヌタデ属」の一年草。赤紫

❖松の木で作った人形…2体（1体は別れたい相手、1体は自分）
❖和紙（離別祭文を記すためのもの）…1枚
❖筆記用具（墨、硯、筆など）…1式
❖白皿にのせた供物（果物、かつおぶし、塩、酒、米）…適宜

手順

1 申の日からはじめます。儀式を行う部屋をキレイに整えたら、沐浴をして心身を清めます。

2 部屋の中央に、7枚の白絹をUの字に並べ、その上に、青、赤、白、黒、黄、紫、緑の紙を乗せて、7人の離別将軍の座を用意します。

3 U字のすぐ下に、2体の人形を並べます。

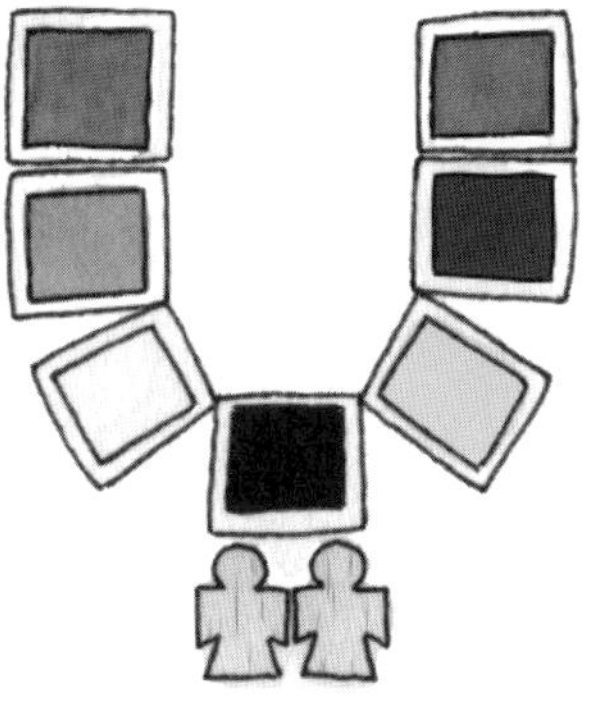

色の小花や実を付ける、道端に普通に見られる雑草の一種です。二体の人形は自分と相手で、人形の背中に挟む臭いのきついイヌタデは、離別の意思を表します。

【申の日】
旧暦の申の日。12日に一度やってきます。「申の日」のスタートは、悪縁が「去る」という意味があります。

4 離別祭文を、和紙に筆で書写します。

離別祭文

謹んで降臨の離別将軍に啓し奉る。漢朝が古風を尋ね、鄭国《ていこく》が旧規に依って、聊《いささ》か薄礼を捧げて恩を祈り福を求む。

抑《そもそ》も弱きを撫でて賎《いや》しきを矜《あわれ》むは良夫の意、咎《とが》を宥《なだ》めて罪を赦すは慈夫の計なり。しかるに当夫の所行、例人に似ざる所以《ゆえん》は何ぞや。善心は万の一なり、凶悪は千の万なり。夫が邪心を以《も》って妻が正直を失う。ここに因《よ》って夫を棄《す》て避けんと欲す。

是《これ》を以って、東方青帝将軍早く悪夫を離別せしめ給へ。南方赤帝将軍早く悪夫を離別せしめ給へ。西方白帝将軍早く悪夫を離別せしめ給へ。北方黒帝将軍早く悪夫を離別せしめ給へ。中央黄帝将軍早く悪夫を離別せしめ給へ。上方紫帝将軍早く悪夫を離別せしめ給へ。下方緑帝将軍早く悪夫を離別せしめ給へ。

神剱《かみつるぎ》を瑩《みが》いて以って悪夫の道を切り、威力をおおいかくして悪夫

【離別祭文】
この祭文のおおまかな意味は「正直にマジメに生きてきましたが、こんなヒドイ男と一緒では正しく生きられません。離別将軍様の力で別れさせてください。」

の道を遮り給へ。昔の偕老《かいろう》は枕を千秋に並べ、同穴は万春に重《かさ》ぬ。今は鴛鴦《おしどり》の契りを棄て、比翼《ひよく》の志を断つ。一宅に合衾《ごうきん》の内にして同心に親近する縁夫なりと雖《いえど》も、他郷に離別して二心の疎人《そじん》たらんと欲す。もし祈請に答えずんば神霊無きなり。仍《よ》って今度の所望を以って神の有無を知らん。謹んで啓す。

令和〇年〇月〇日　自分の氏名

5 **3**で置いた2体の人形を背中合わせにし、背と背の間にイヌタデを挟んで立たせます。

6 **1**～**5**は、離別祭を行うための準備となります。準備ができたら、また申の日が来るのを待ちます。

7 申の日から、離別祭を始めます。7人の将軍に二礼したのち、次の言葉で、離別将軍の降臨を請います。

謹請《きんしょう》離《り》別将軍《べつしょうぐん》

これ日本国（自分の住所）に住まいする、主人（自分の氏名）、令和○年○月○日（儀式を行う日）、沐浴潔斎して礼典を設けたてまつる。

謹請《きんしょう》東方《とうほう》離《り》別《べつ》青帝将軍《せいていしょうぐん》
謹請《きんしょう》南方《なんぼう》離《り》別《べつ》赤帝将軍《せきていしょうぐん》
謹請《きんしょう》西方《せいほう》離《り》別《べつ》白帝将軍《はくていしょうぐん》
謹請《きんしょう》北方《ぼっぽう》離《り》別《べつ》黒帝将軍《こくていしょうぐん》
謹請《きんしょう》中央《ちゅうおう》離《り》別《べつ》黄帝将軍《おうていしょうぐん》
謹請《きんしょう》上方《じょうほう》離《り》別《べつ》紫帝将軍《していしょうぐん》
謹請《きんしょう》下方《かほう》離《り》別《べつ》緑帝将軍《りょくていしょうぐん》

8 離別将軍たちに、白皿にのせた供物を供えます。供物は、U字の中央に置いてください。

9 二礼して、離別祭文を読み上げます。

⑩ 最後に二礼します。

⑪ **7**〜**10**の手順を、7日間続けて行います。夫に限らず、別れたい嫌な人すべてに効力があるでしょう。

注意 離別祭を行うときは、1から5の準備が必要です。準備を整えたところで、申の日から、1日に1度7日間、離別祭文の儀式を行うのです、7人の離別将軍に捧げる儀式だからです。将軍たちに誓いを立てて願うということを忘れずに、真剣に行わなくてはいけません。

蠱毒《こどく》

歴史

蠱道、蠱術、巫蠱などとも呼ばれる蠱毒。犬を使う犬神や、猫を利用した猫鬼、蛇を用いるトウビョウなどと並ぶ、生きものを使う残酷な呪いです。古代中国で用いられていた蠱毒は、百種の虫や爬虫類などを集め、5月5日に1つの壺に入れて共食いをさせ、最後の生き残りを使って相手を呪い殺すというもの。生き残りの怨念を使うか、その生きものを相手に食べさせて呪います。毒を持つ生きものを飼育して共食いさせる説も伝わります。

用意するもの

❖あらゆる虫、ムカデ、トカゲ、カエル、ヘビ、クモなどの生きもの…

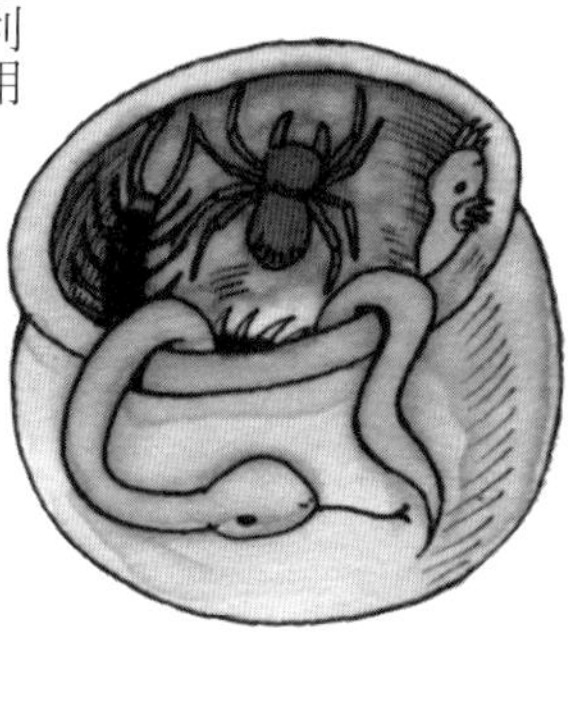

たくさん

❖フタ付きの壺（生きものを押し込められるサイズ）

手順

1 壺の中にすべての生きものを入れ、フタを閉じます。生きものの数が多いほど、呪いの力が強くなります。

2 共食いをして、1匹だけが残るまで待ちます。

※壺に入れるので中が見えません。共食いの進捗状況は、たまに覗いて確認をするしかないでしょう。その際に逃げ出してしまうなど、生きものを使うからこその予測不可能なアクシデントも懸念されます。

3 **2**の共食いが無事に完了し、最後の1匹が生き残ったところで、その生きものを使い、相手に呪いをかけます。

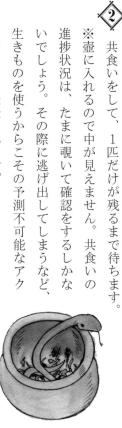

4

呪い方には、次の2つの方法があります。

①生きものを生きたまま使う

復讐の念を込めながら、竹筒などの容器にその生きものを閉じ込めます。それを呪いたい相手の家の玄関先に埋めたり、家に投げ入れて呪う方法です。

②生きものを殺めて使う

その生きものを殺し、それを材料に蟲毒の呪薬を作り、相手に振りかけたり、食べさせたりして、復讐の呪いをかける方法です。

注意

生きものの命を呪いに使っても、呪いを果たせなかった場合、自らがその生きものたちに呪われてしまう恐れもある、危険な呪いでもあります。相手に蟲毒を食させたり、他人の敷地や家に呪物を隠すことで、犯罪者として逮捕される可能性もあるでしょう。

また、生きものたちが、都合よく共食いをしてくれるかはわかりません。小さな壺にたくさんの虫を入れると伝わりますが、共食いの前に死んでしまうこともありそうです。

【呪薬】 生きものを乾燥させ、すり鉢ですって粉状にして作るのが一般的です。

復讐呪術▼▼▼妬ましい相手への復讐

丑《うし》の刻《こく》参り

歴史

丑の刻、神社の御神木に憎い相手に見立てた藁人形を釘で打ち付ける、丑の刻参り。嫉妬深い公卿の娘・橋姫のエピソードが、『太平記』や『平家物語』の剣の巻などに伝えられています。京の貴船神社に詣でた娘が、「我を生きながら鬼神に成してたまえ」と、相手の女の呪殺を祈ったところ、明神の示現があったとのこと。5つに分けた髪を5本の角とし、顔に朱を、身に丹を塗り、鉄輪を逆さに被り、口に松明を咥えて鬼になったのです。

用意するもの

❖藁人形…1体

【丹】
辰砂、つまり硫化水銀鉱のこと。赤色をしています。

❖白装束…1式
❖神鏡…1つ
❖五寸釘（呪術用に特別に作らねばならない）…7本
❖金槌…1つ
❖金輪（五徳でもよい）…1つ
❖蝋燭…3本
❖櫛…1つ
❖高下駄（一枚歯or三枚歯）…1足

手順

1. 呪いたい相手の髪や爪を入れた藁人形を用意します。
2. 全身を洗い清め、白装束を着て、神鏡を身に付けます。
3. 金輪（五徳）を逆さにして、火を灯した3本の蝋燭を付けたら、それを頭に乗せ、口に櫛を加えます。

【丑の刻】

午前1時〜3時ごろ。丑の刻参りは午前1時に始めるのが良いでしょう。また、丑三つ参りと呼ばれることもあり、午前2時〜2時30分までの丑三つ時が相応しいとする説もあります。

4 丑の刻に高下駄を履いたら、藁人形、五寸釘、金槌を持ち、神社の御神木に向かいます。

5 御神木に藁人形を押し当て、心臓の場所に五寸釘を1本打ち込みながら、願いを込めます。藁人形は御神木に打ち付けたままにします。

6 **2**〜**5**の手順を、連日丑の刻に、7日間の日程で行います。最終日にすべての五寸釘を使い切ります。人に目撃されたり、1日開けたりすると、またやり直しです。

7 7日目の最終日の帰宅途中で、黒い牛が現れたら、それをまたいで通過して、終了となります。

注意 道中や儀式中、誰にも姿を見られてはいけません。目撃されると、効力が失せるといわれています。

【神鏡】 神聖な鏡。専門店で購入できます。

【五徳】 ガスコンロで、鍋を火にかけるときに使う金属製の台。

【目撃されると】 不審者として、通報される恐れもあります。神社にあるものを破壊する行為でもあるので、器物損壊罪で捕まる可能性もあります。

生《なり》業《わい》繁《はん》栄《えい》法《ほう》

生業を繁栄させて豊かになる

歴史

飛鳥時代の天武天皇が、行政機関として設置した陰陽寮。陰陽師・安倍晴明の活躍は、多くの小説や映画の中で描かれ、天体観測による暦を作成し、占いで吉凶を知り、災いを避ける方術や呪詛などを行っていた逸話が多く残されています。陰陽道は、古代中国の陰陽五行説がベースにある呪法で、易や道教などと結びつき、日本で独自の発展を遂げました。陰陽道に伝わる数ある呪術の中から、生業を繁栄させて豊かになる呪言を紹介します。

用意するもの

❖とくになし

【陰陽寮】
陰陽寮は、明治3年に廃止となっています。

手順

1 朝、起床したら、洗顔をして口をすすぎます。

2 朝日を拝みます。悪天候などで目視できない場合は、日の出の方向に向かい、昇る朝日をイメージします。

3 2の方向に向いたまま、

「金伯五金《きんはくごきん》の気を呼び、全家《ぜんけ》の軸《じく》となる。百幸千福《ひゃっこうせんぷく》、甲《こう》○○家《け》の金銭に集まり、五方化徳《ごほうかとく》、大皓金神《だいこうこんじん》、願わくば兆家《こうけ》○○家《け》に留まらんことを。奇一天心《きいってんしん》、奇増万全《きぞうばんぜん》」

と、8回唱えます。○○には名字（姓）が入ります。

4 1〜3を、天候などに関わらず、毎朝行うことで、金銭に困らなくなるでしょう。

注意 日の出の時間から、日が昇っていく間に行います。日の出時間は日々変化し、場所によっても異なります。その日の自分の居場所の日の出時間と方角を、事前に確認しておきましょう。

【五金】 錫／鉛（青金）、銅（赤金）、金（黄金）、銀（白金）、鉄（黒金）を意味します。

【五方】 東、南、中央、西、北を意味します。

秘《ひ》密《みつ》陀《だ》羅《ら》尼《に》成《じょう》就《じゅ》法《ほう》

歴史

「摩《ま》醯《けい》首《しゅ》羅《ら》大《だい》自《じ》在《ざい》天《てん》王《のう》神《じん》通《つう》化《け》生《しょう》伎《ぎ》芸《げい》天《てん》女《にょ》念《ねん》誦《じゅ》法《ほう》」という経典によると、摩醯首羅天（インドのシヴァ神）の髪の生え際から生まれたという伎芸天は、絶世の美貌の天女といわれています。容姿端麗で技芸に長けるという、誰もがうらやみそうな要素をたくさん持つ伎芸天です。ご利益として、技芸修達、財運、福徳円満が謳われており、多くの諸法が伝えられている万能の天女。そんな伎芸天に伝わる秘密陀羅尼成就法です。

用意するもの

❖祭壇（白い布をかけたテーブル）…1つ
❖供物（花、水、お菓子、果物など）…適宜

❖沈香…1つ

手順

1 新月の日に、部屋を清浄にし、水を浴びて身体を清めます。

2 部屋の東に祭壇を作り、花を飾り、供物を捧げます。

3 沈香を焚いたら、心を鎮め、祭壇の前で伎芸天の陀羅尼「ノウマク・オンシマボシキャチビバラ・バチヤ・シカラジャロリン・チニヤ・タシバ・ジャチレイベイラマジャリニ・ウンハッタ・ソワカ」を一万回か十万回、唱えます。行なう期間は17日間か27日間です。

4 これを成し遂げれば、その後の生活の心配がなくなります。

注意 伎芸天の修法には、禁欲が求められます。秘密陀羅尼成就法を行う期間は、肉食や飲酒をせず、肉欲を絶ち、動作を慎みます。性愛に関することは思ってもいけないとされています。

【沈香】
ジンチョウゲ科の常緑樹の樹液。

【一万回か十万回】
陀羅尼や真言、経文などを、莫大な回数唱える修法は、あらゆる儀式や呪術で見受けられます。年末の除夜の鐘とともに唱えられるお経を聞いているだけでも、心が落ち着いて、清々しい気分になるように、意識が変わっていくのです。108回の除夜の鐘は、煩悩の数を表します。108回は唱えたいところかもしれません。

永《えい》劫《ごう》安《あん》泰《たい》人《ひと》柱《ばしら》

歴史

お城や橋などの困難な工事を行うときや、権力者の葬儀の際に、人柱を立てていた時代がありました。江戸時代中期に編纂された『和漢三才図会』には、飛鳥時代に架けられた長柄橋に人柱を埋めたことが残されています。人柱を立てることで、しっかりとした土台を築き、永遠に残り続けると信じられていたのでしょう。人を生き埋めにしていた時代を経て誕生した呪術が、人の代わりに埴輪を埋める方法です。

用意するもの

❖人型埴輪（手作りでも市販でも）…1体
❖五円玉…1枚

【人柱】
神道をはじめとする多神教では、神を1柱、2柱と数えます。この助数詞「柱（はしら）」を使って、多くの人を守るための犠牲となった人の魂を、神に近しい存在となったと考え、「人柱」と表現します。関東大震災で損傷した皇居から、16体の人柱が見つかりました。頭に、穴あきの小銭がのせられていたそうです。

❖糸…必要に応じて
❖お線香 or お香…1つ

手順

1 流水で清めた五円玉を、埴輪の中に入れるか、糸でくくりつけます。
2 埴輪の横でお線香 or お香を焚きます。香りは問いません。
3 埴輪によってすべての災いが封じられ、未来永劫の安泰が訪れるように祈ります。願望成就はもちろん、復讐したい思いを持つような災いも封じられる呪術です。
4 埴輪を家のどこかに埋めるか、人目の付かないところに安置します。

注意 埴輪は、人の命の身代わりです。心を込めて埋めましょう。手作りの埴輪なら、人柱としての力も強まるでしょう。

【人型埴輪】
埴輪は人型だけというわけではなく、壺型や武器をかたどったものもあります。

御《おん》嶽《たけ》祈《き》祷《とう》法《ほう》

歴史

古くから人々の信仰の対象とされてきた、木曽御嶽山。長野県木曽郡と岐阜県下呂市との県境にまたがる御嶽山の開山は、七世紀初頭といわれています。信濃国司が山頂に神社を建立し、後白河法皇が勅使を登山させたと伝わっています。室町時代からは、修験道の行者による信仰登山がさかんになり、普寛、覚明、一心、一山などの行者が神法を修しました。残された多くの秘伝や秘法から、願望成就の呪術を紹介します。

用意するもの

❖清浄な水……適量

❖榊の葉…7枚
❖清潔な布巾かタオル…1枚
❖筆記用具（墨、硯、筆など）…1式
❖カップなど（榊の葉を1枚浮かべられる程度のもの）…1つ

手順

1. 新月の日に、全身を洗い清めたら、心を落ち着けます。
2. 7枚の榊の葉を水で洗い、清潔な布巾かタオルで丁寧に水を拭います。
3. **2**の葉の1枚ずつに、下の呪符を書きます。

4. 榊の葉の**3**の呪符の下に、7柱の神の符字7文字「魁𩲃𩴆𩴈𩲿𩳐魒」を1枚につき1字ずつ書きます。符字7文字は、北斗の名です。

【榊】先の尖った形状から、神が降りる依代とされ、神棚に供えたり、神社の社頭に飾られるなど、神道の神事に欠かせない植物です。このことから榊には、「神を尊ぶ」という花言葉が付けられたと言われています。また、あの世とこの世の境目を示す木とされ、「境木」が転じて「榊」になったという説があります。

5 合掌した手の平の中に「魁」を記した葉を挟み、手を額の前まで上げて、願いを念じながら、神歌「千《ち》早《はや》振《ぶる》、御《み》嶽《たけ》乃《の》山《やま》波《は》、遠《とお》久《く》止《と》毛《も》、仰《あお》具《ぐ》心《こころ》仁《に》、神《かみ》造《ぞ》麻《ま》志《し》麻《ま》須《す》」を唱えます。

6 **5**同様に、北斗の名の順に同じことを行います。7枚の葉の分の儀式が終わったら、今日の呪術は終了です。

7 翌日から7日間、北斗の名の順番に、念じた葉を1枚ずつカップに入れた清浄な水に浮かべ、水を飲み干していきます。

8 **7**までが終わったら、7枚の葉を枕の中に入れて眠ります。

注意 手順を間違えたら、やり直しです。願いが実現したら、必ず榊の葉を神社でお焚き上げしていただきます。

【7柱の神の符字7文字】

呪詛返しの呪術
▼▼▼
悪しきものを破断する

九《く》字《じ》法《ほう》

歴史

道教の古典『抱朴子』に伝わる九字。道士が入山の際に唱えるべき呪文として、「臨《りん》兵《びょう》闘《とう》者《しゃ》皆《かい》陣《じん》列《れつ》前《ぜん》行《ぎょう》」が記されています。修法であり護身法の1つだった九字が、密教や修験道、陰陽道などに取り入れられて、悪しきものを破断する呪術となりました。護身にも調伏にも使えるオールマイティの九字切りです。「臨《りん》兵《びょう》闘《とう》者《しゃ》皆《かい》陣《じん》列《れつ》在《ざい》前《ぜん》」を唱えながら印を結ぶ方法と、刀印で宙を切る刀印法があります。ここでは刀印法を紹介します。

用意するもの

❖とくになし

手順

1 左手を軽く握り、手の甲が外側になるようにして、腰の位置へ。これが刀印の鞘になります。

2 右手でグーを作り、人差し指と中指をまっすぐに伸ばし胸の前へ。これが九字を切る刀印になります。

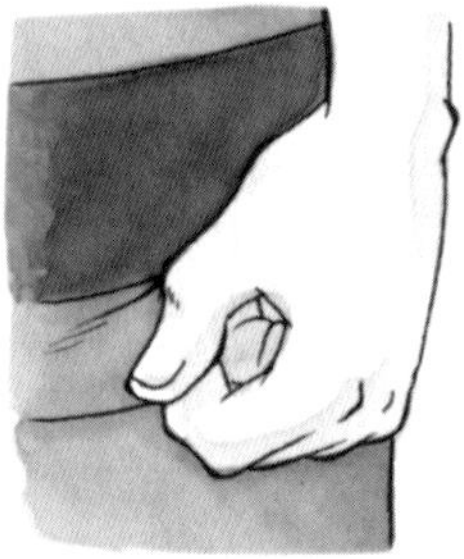

3 **1**の鞘に**3**の刀印をおさめ、呼吸を整え、精神統一をします。

4 呪い返しをしたい相手を思い浮かべたら、刀印を目の前に出します。

5 「臨《りん》」と唱えながら、刀印で横に切ります。

6 「兵《びょう》」と唱えながら、刀印で縦に切ります。

7 「闘《とう》」と唱えながら、刀印で横に切ります。

【臨兵闘者皆陣列在前】

この九字は、「臨める兵、闘う者、皆、陣を配列して、前に在り」を意味し、一字一字が神仏の加護のある言葉で成り立っています。九字は本来、邪気を払い、自らを守る護身術でしたが、敵に用いることで、蓄積した負の力で相手を打ち負かす方法へと応用されるようになりました。

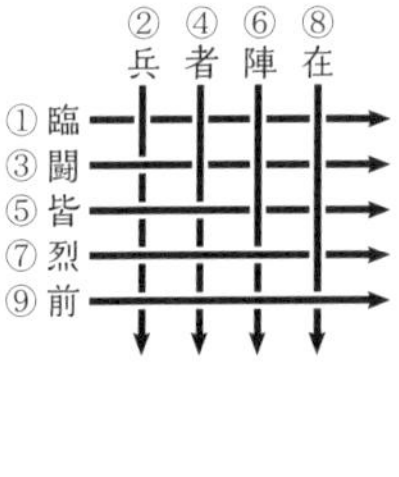

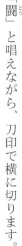

⑧「者《しゃ》」と唱えながら、刀印で縦に切り……を、「皆《かい》」横、「陣《じん》」縦、「列《れつ》」横、「在《ざい》」縦、「前《ぜん》」縦と、一字ずつ繰り返します。

⑨最後に、「エイ！」と唱えながら、刀印で前を突いてとどめを刺し、刀印を鞘におさめます。

⑩九字法の効果で、ことが終息したときや、そろそろこれで終わりにしようという際は、刀印を鞘におさめたポーズで、「オン・キリキャラ・ハラハラ・フタラン・バソツ・ソワカ」と、息継ぎなしで3回唱え、最後に、指を鳴らします。

注意 九字切りの呪詛返しの効果は恐ろしく、呪いを返された相手は、自分のかけた呪い以上の打撃を受け、倒れるといわれています。力を使いますので、九字を使う際は、自身のコンディションのよいときを選びましょう。

十《と》種《くさの》神《かん》宝《だから》布《ふ》瑠《る》之《の》言《こと》

魂を安定させて災いを跳ね返す

歴史

物部氏の祖と言われる饒速日命《にぎはやひのみこと》が、天津神より授けられたものが、神法と十種の神宝（沖津鏡《おきつかがみ》、辺津鏡《へつかがみ》、八握剣《やつかのつるぎ》、生玉《いくたま》、足《たる》玉《たま》、死反玉《まるかえしのたま》、道反玉《ちかえしのたま》、蛇比礼《おろちのひれ》、蜂比礼《はちのひれ》、品々物比礼《くさぐさのもののひれ》）です。これらの力を呼び起こす教えが「布瑠之言」と言われています。物部氏について多く記された『先代旧事本紀《せんだいくじほんぎ》』も残されていますが、今もずっと古代日本の謎に包まれています。神から与えられた呪言「布瑠之言」を紹介します。

用意するもの

❖とくになし

【比礼】
古代日本の女性が、両肩にかけていた布。

手順

1 口をすすぎ、窓を開けます。

2 「一《ひと》二《ふた》三《み》四《よ》五《いつ》六《む》七《なな》八《や》九十《ここのたり》、布留部《ふるべ》　由良由良止《ゆらゆらと》　布留部《ふるべ》」と、声を出して丁寧に唱えます。

3 身体を振って、心の中にある不安や災いが、すべて落ちて消えていくイメージで、気持ちが落ち着くまで、布瑠之言を唱え続けます。落ち着いたときは、魂が安定したときです。

4 さらに布瑠之言を唱え、力がみなぎっていくことを感じます。終わったら、窓を閉めます。

注意 言霊の力が重要です。一字一句を丁寧に発しましょう。他者の呪いに限らず、自ら発する負のものが消えていきます。自己浄化でまっさらになることで力がみなぎり、悪しきものを跳ねのける力を得るでしょう。

【布瑠之言】
「布瑠之言」を唱えれば、死者をも蘇ると言われています。「ひふみよいむなやここのたりふるべゆらゆらとふるべ」という読み方もあります。

リアル浮気封じ

日本中を震撼させた1936年の猟奇殺人「阿部定《あべさだ》事件」。阿部定という女中が、性交中に相手を絞殺し、陰茎と陰嚢を切り取り、「これでほかの女が彼に触れることはなくなる」と、ホッとしてビールを飲み、死体に添い寝をし、乾いている舌を舐めて濡らしてやったりしたとのこと。死体の下に敷かれたシーツに、「定吉二人キリ」と、血で文字を記し、死体の左腕に「定」と刻み、局部を持って逃走したそうです。

殺害された吉蔵は既婚者で、定は吉蔵の愛人。２人は不倫関係でした。センセーショナルなこの事件はマスコミに大々的に取り上げられ、多くの作家が物語を作り、大島渚監督の『愛のコリーダ』として映画化されました。

こんな事件があったなんてと思っていたら大間違い。阿部定事件よりも前から、似たような事件があり、殺人までいかないケースも含め、その後も陰茎を切り取る事件が続いています。本書で紹介している浮気封じの「スルメの酢漬け」が、リアルに発展してしまった事件なのかもしれません。

愛は、呪力を秘めています。恐ろしい力を生んでしまうのです。

四章

呪符大全

呪符の作法

呪符は、護符、霊符などと呼ばれることもあるお札です。災いを予防するお守りとなり、願いの成就を祈願します。思いを実現するための呪符です。叶えたい未来を具体的にイメージしながら書いていきましょう。

呪符を書く、持つということも呪術です。呪符を書くことも、持つことも、人に知られてはいけません。持ち歩く場合も、呪符を見られないように工夫してください。

書く道具

筆、墨、硯、水、紙が基本で、必要に応じて、朱墨と朱墨用の筆、朱墨用の硯を用意します。呪術専用の筆記用具として、新品を用意することが原則です。

価格帯の幅広い道具ですが、できるだけ高価なものを用いることが望ましいとされています。とはいえ、使いこなせなくては意味がないので、今の自分が扱う上で、書きやすいと思うもので、新品の入手が可能なものを選ぶといいでしょう。

❖**筆**

筆の太さは、記す呪符によって変わります。黒と朱の2色を使うときは、2本の筆が必要です。

❖**墨と硯**

呪符によって、黒だけで記すものと、黒と朱の2色を使うものがあります。2色を使い分けるときは、硯も2つ必要です。

呪符を書く墨には、最も古い製造方法で作られる「松煙墨」がいいとされています。硯は、石の目が細かいものを選ぶといいでしょう。

❖**水**

墨を溶く水は、呪術に特記がない限り、飲み水として問題のない水を使います。水道水を用いるときは、日の出前の早朝に汲みましょう。

❖**紙**

生漉和紙《きすきわし》か、半紙を使います。特記があるものは、それに従ってください。

呪符の書き方

呪符は、神聖なものです。清浄にした心身で、誠意をもって書写しなくてはいけません。そのためには事前の準備が欠かせません。準備に不備があると、呪符の効果が弱くなったり、逆効果を招く可能性もあります。

❖呪符を書く吉日と時間

六十干支の吉日を選びましょう。壬子、壬寅、癸酉、癸卯、丙午、丙辰、丁酉、戊子、戊辰、戊申、戊午が、吉日とされています。

時間は、午前2時から3時半が最適ですが、日の出前の時間帯でいいでしょう。日付や時間が指定されているものは、それに従います。

❖1週間かけての事前準備

最低でも1日、または3日前から、基本は1週間前から、次の3つを行い、潔斎を重ねておきます。重要な呪符を書写する際は、21日前から心身を清めなくてはいけないとされています。

1）ニラやネギ、ニンニクなどの臭いのきつい食べ物や香辛料、肉食（魚も含む）を絶ちます。

2）毎日、お風呂でていねいに全身を洗い、水を浴びて身体を清めていきます。塩風呂に浸かるのもいいでしょう。清めたあとは、必ずおろしたての清潔な服を着ます。

3）禁忌を絶ちます。人の悪口や嘘は言わず、不正を行わず、「よくないこと」とされる、すべてのタブーや不浄の場所を避けて、善行を行いましょう。

❖書写の場を清めます

部屋の整理整頓をして、掃除をします。大掃除をするように、拭き掃除までを念入りに行いましょう。しっかり換気もしてください。

❖香を焚いて心を鎮めます

白檀、沈香、安息香のいずれかを焚きます。目を閉じて、香の香りで心を落ち着けて、呪符を書きはじめましょう。

❖間違いのないように正しく、誠心誠意を込めて書写する

ほんの少しでも誤った書き方をしていると、効果が表れません。上手に書くことよりも、正確に書くことを目指しましょう。

至誠天に通ず。呪符を疑わず、心を込めて誠実な気持ちで書きましょう。

❖呪符の大きさ

どのように使用するかで変わってきます。貼っておくものなら大きめ、身につけたり持ち歩くなら、扱いやすい小さめのサイズにしましょう。

❖呪符の開眼

書いた呪符の写メや、スキャンなどで複製した場合は、その呪符の開眼が必要です。呪符を

使いはじめるときに、開眼の儀式を行いましょう。

手を洗い、口をすすぎ、合掌した手に呪符（スマホなどの端末）を挟みます。手を眼前に掲げたら、「天地の正気《せいき》を受けて、福寿海無量《ふくじゅうかいむりょう》」と唱え、呪符に意識を合わせましょう。これで十分と思えるまで、繰り返し唱えてください。

呪符の扱い方

神聖な呪符です。大切に扱いましょう。

❖清め包み

持ち歩くときは、呪符を紙に包んだり、封筒に入れるなどして、汚れたり、破れたりしないようにします。折ってもかまいません。「清め包み」という包み方もあります。穢れを避けるために、未使用の和紙を使って包みましょう。屋内に貼る場合も、紙に包み、目よりも高い位置に貼って、敬いの気持ちを持ち続けましょう。

❖人に見せない

呪符を人に見せたり、呪符を使っていることを他言してはいけません。効果を失うばかりか、よくない副作用を来たす恐れがあります。

❖スマートフォンなどで使用する場合

持ち歩くことの多いスマートフォンに呪符を取り込むと、とても便利に携帯できるでしょう。待ち受けに画面にするのもひとつの案ですが、人に見られてはいけないことに変わりはありません。工夫をしておきましょう。

❖呪符の処分

呪符の効果が表れ、願いが実現したとき／汚れたり破れたりしたとき／書写で失敗したとき／不要になったとき、に処分します。

処分の仕方ですが、適当に捨てず、火で燃やし、灰になったものを清流に流すか、庭先やベランダにまきます。または、神社のお焚き上げに持参しましょう。

次のページから、呪符を紹介します。呪符の作法に従って使用してください。

大いなる願いを叶えてくれる

大《たい》願《がん》成《じょう》就《じゅ》符《ふ》

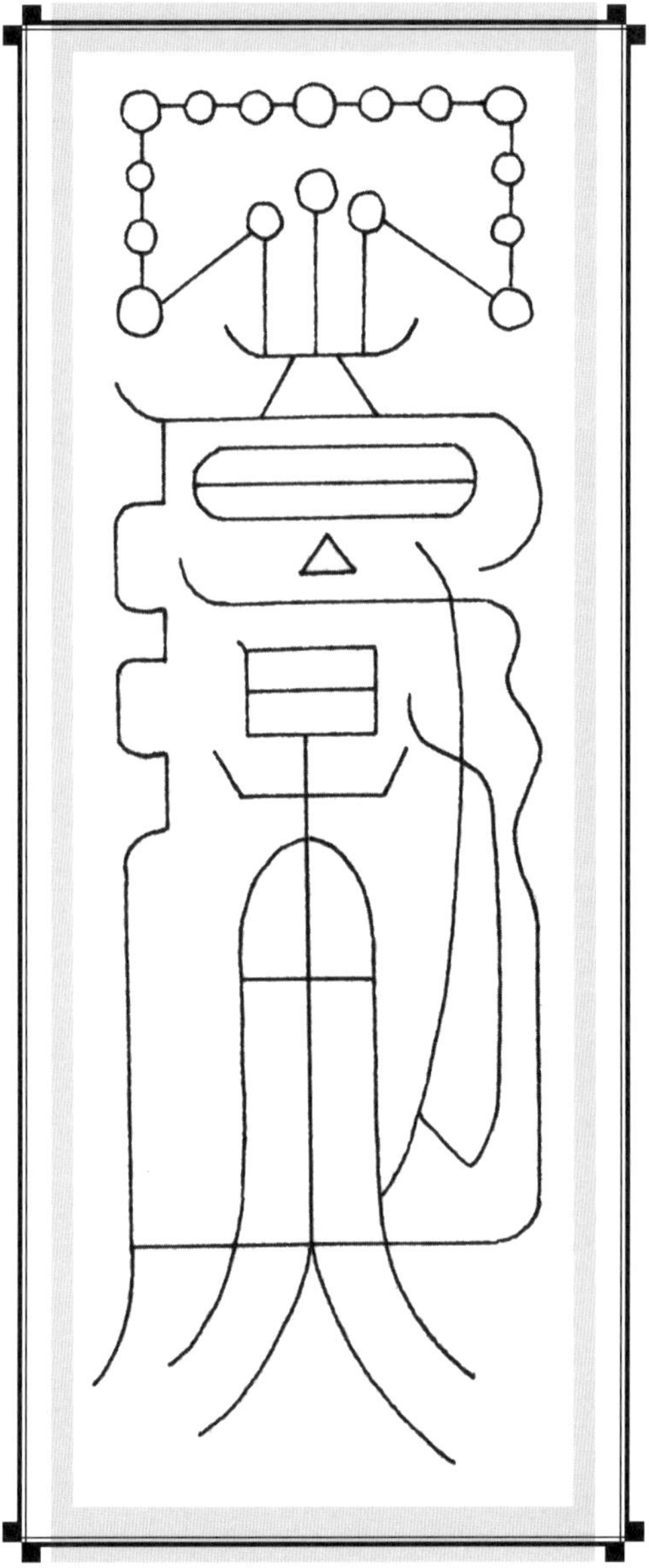

呪符の空いている場所に、氏名・生年月日・願いの内容をできるだけ詳しく、朱墨で書きます。願いは、呪符1枚につきひとつです。

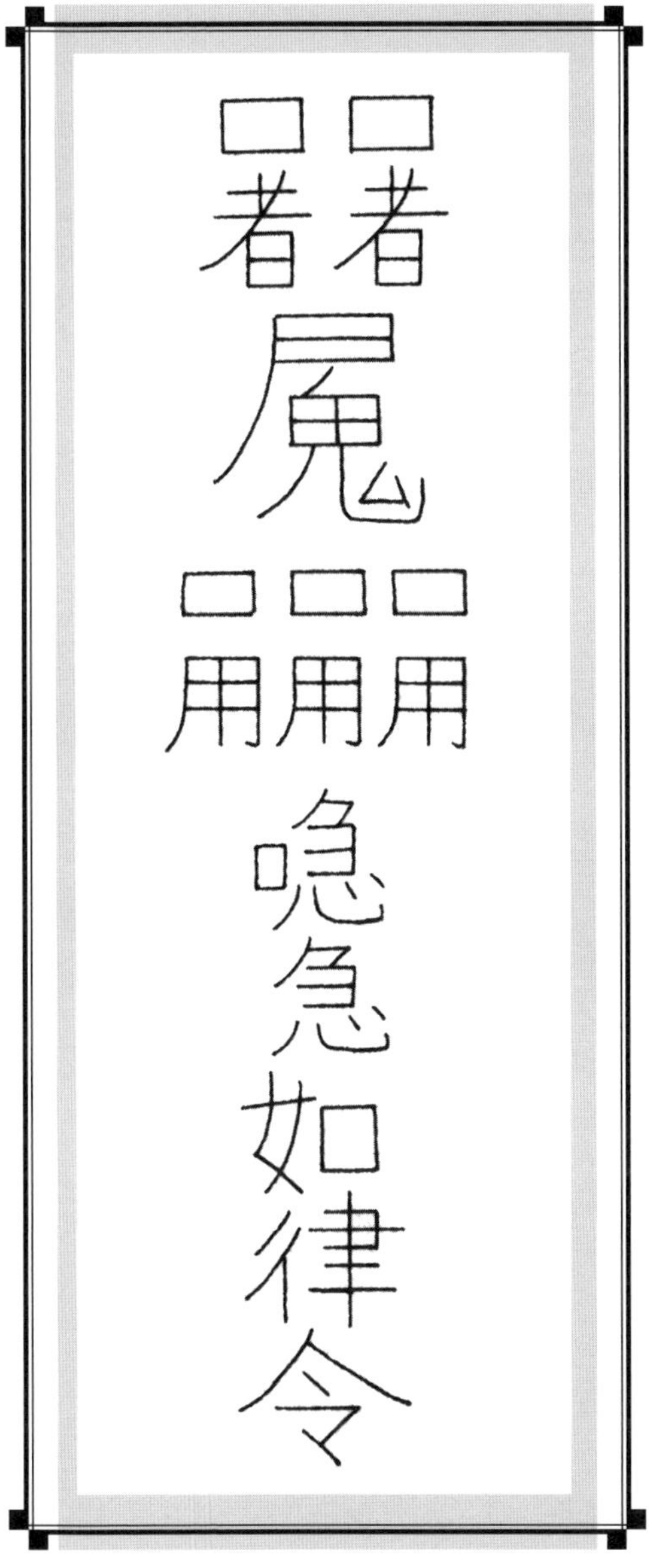

良縁を引き寄せてくれる

良《りょう》縁《えん》符《ふ》

恋愛や結婚はもちろん、その他の人間関係の縁が遠い人に効果がある呪符。特に、女性が使用すると、効果が高いと言われています。

災厄を祓う

禳《じょう》災《さい》厄《やく》符《ふ》

地震や風水害、山火事などの天災をはじめ、人知を超えたその他の災厄を祓うとされる、魔除けの呪符。禳は、災いを祓うという意味です。

トラブル回避に効果的

諸《しょ》難《なん》除《じょ》符《ふ》

自分に降りかかってくる、すべての災難を避け、取り除くとされる呪符。特に、日常的に起こりうる、大小のトラブル回避に効果があるといいます。

虫や蛇を遠ざける

解《かい》蛇《だ》章《しょう》

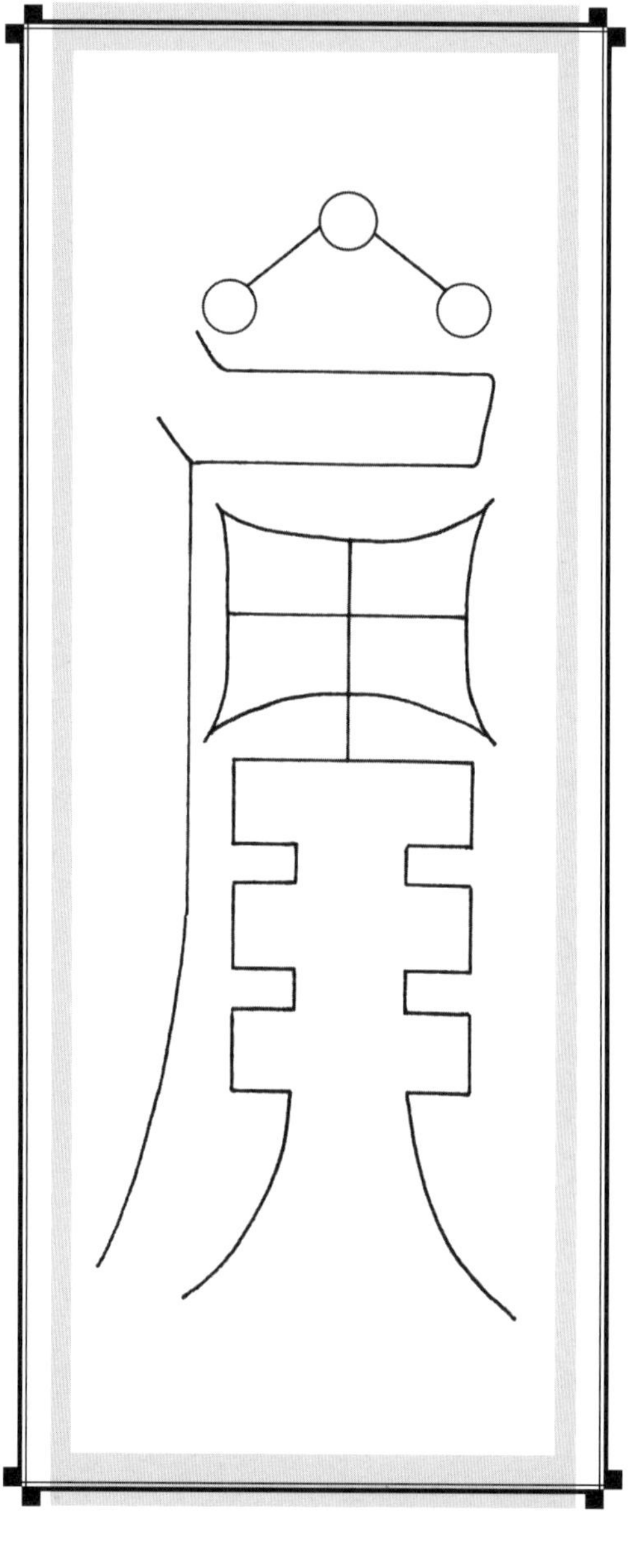

虵は蛇を指しますが、蛇だけでなく虫類も遠ざける効果のある呪符。ゴキブリ除けに台所に貼ったり、シロアリや蜂対策で床下や軒下に貼ったりしてください。

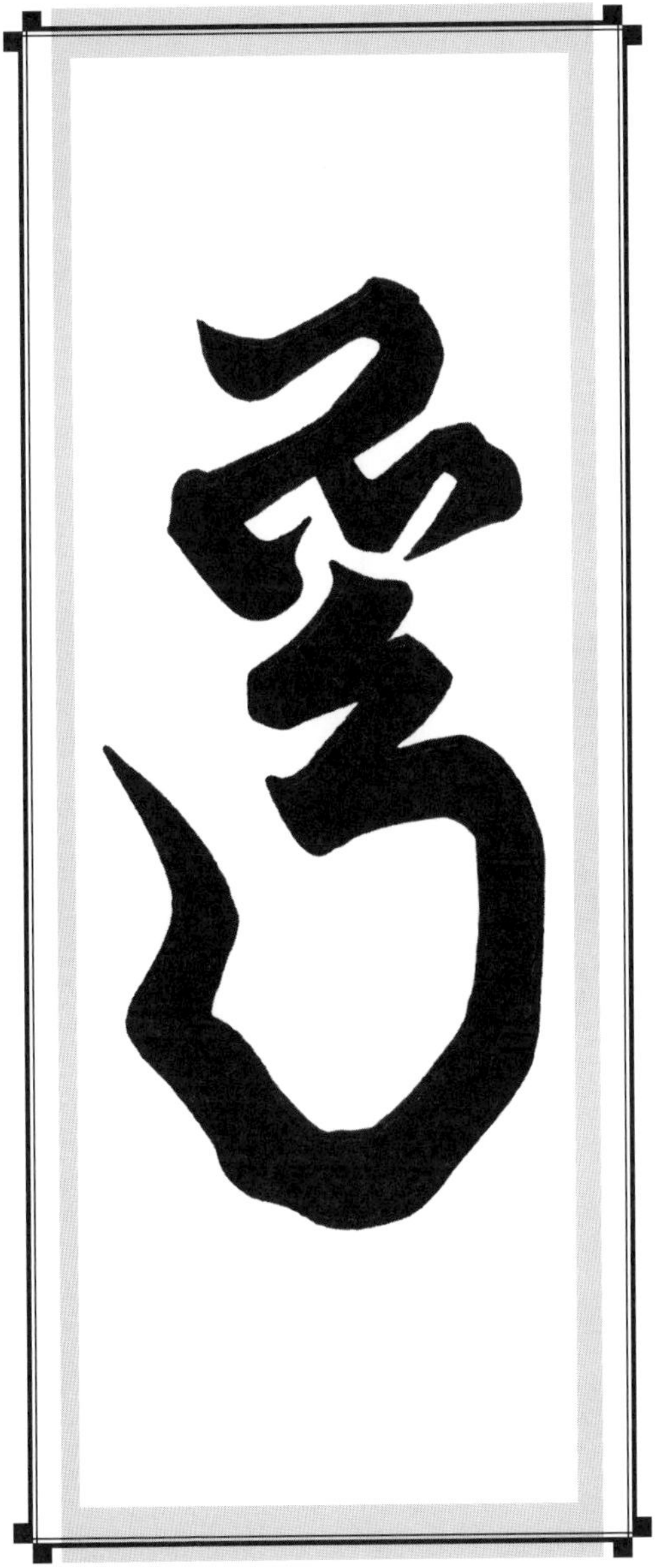

顔相を良くする

顔《がん》相《そう》秘《ひ》法《ほう》呪《じゅ》符《ふ》

美醜ではなく、その顔の印象を良くするという呪符。人から好かれ、運命が好転します。呪符の紙で顔を覆い「オン・ジャナ・ソワカ」を、81回唱えます。

頭痛をなくす

頭《ず》痛《つう》不《ふ》眠《みん》除《じょ》呪《じゅ》符《ふ》

頭痛の他、不眠症・冷え性を治す呪符。呪符を身に着けて眠ります。呪符使用中は、毎日少量でいいので、梅干しを食べること。梅には魔除けの作用があります。

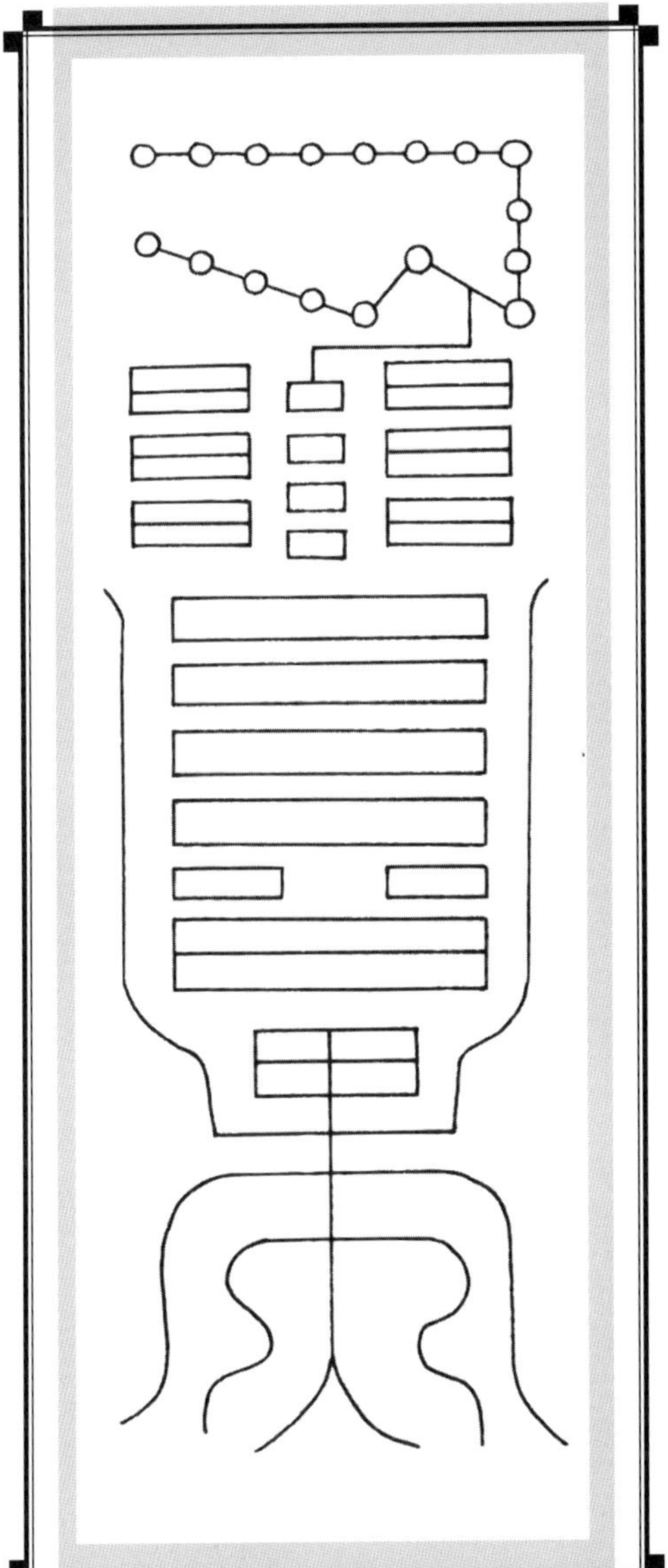

１２０歳まで生きる

寿《じゅ》命《みょう》延《えん》長《ちょうの》御《ご》秘《ひ》符《ふ》

肉体的に人間が生存できる限界と言われる、１２０歳まで寿命を延ばすことができるという呪符。しかも、家の繁栄も願えるといいます。

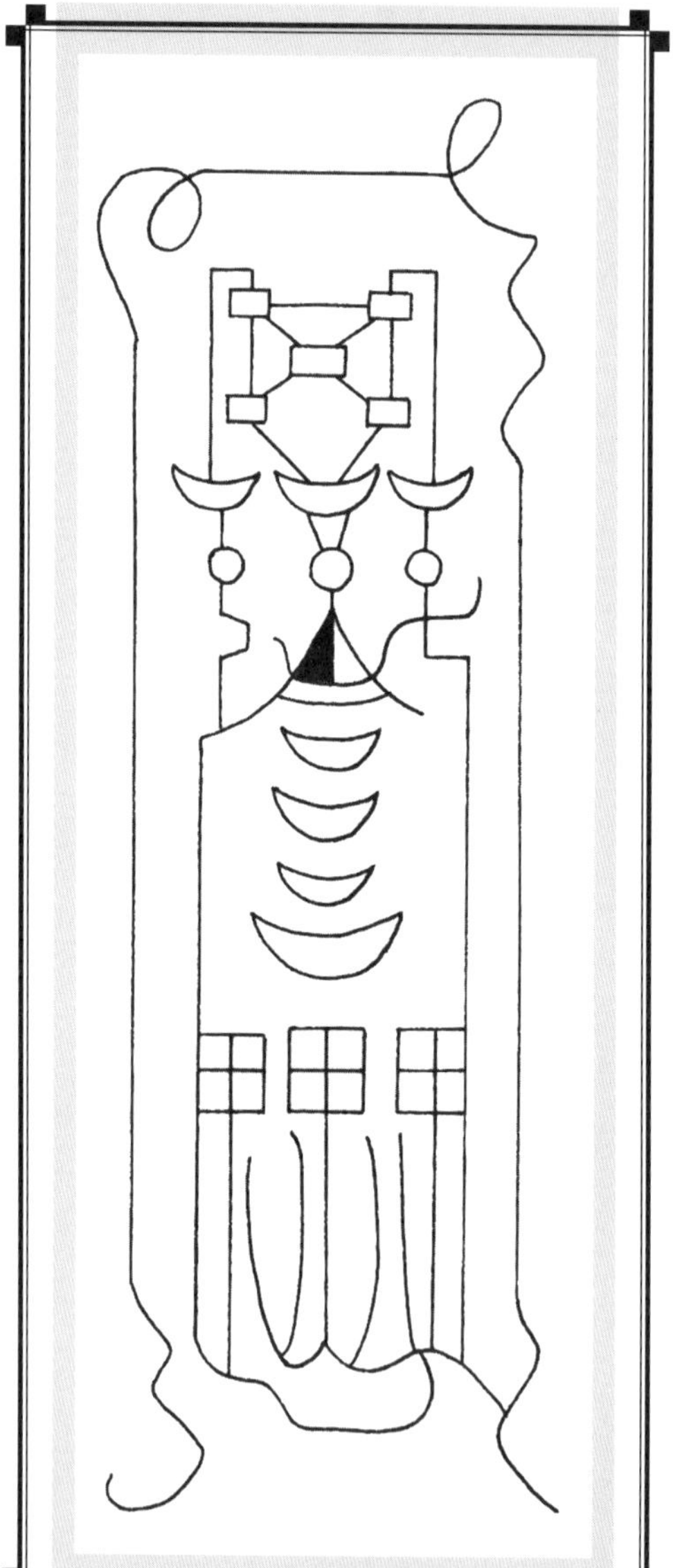

望み通りの金額を手にする

招《しょう》財《ざい》獲《かく》福《ふく》秘《ひ》密《みつの》御《ご》秘《ひ》符《ふ》

呪符の空いているところに、手に入れたい金額を書くだけで、望み通りの金額を手にすることができるという、秘密の呪符。黄色い紙に朱墨で書きます。

ギャンブルに勝つ！

賭《かけ》事《ごと》必《ひっ》勝《しょう》御《ご》秘《ひ》符《ふ》

競馬、競輪、競艇などの公営ギャンブルや、バクチ要素のあるビジネスに必勝するという呪符。宝くじにも効果あり。券を買うときには必ず携帯のこと。

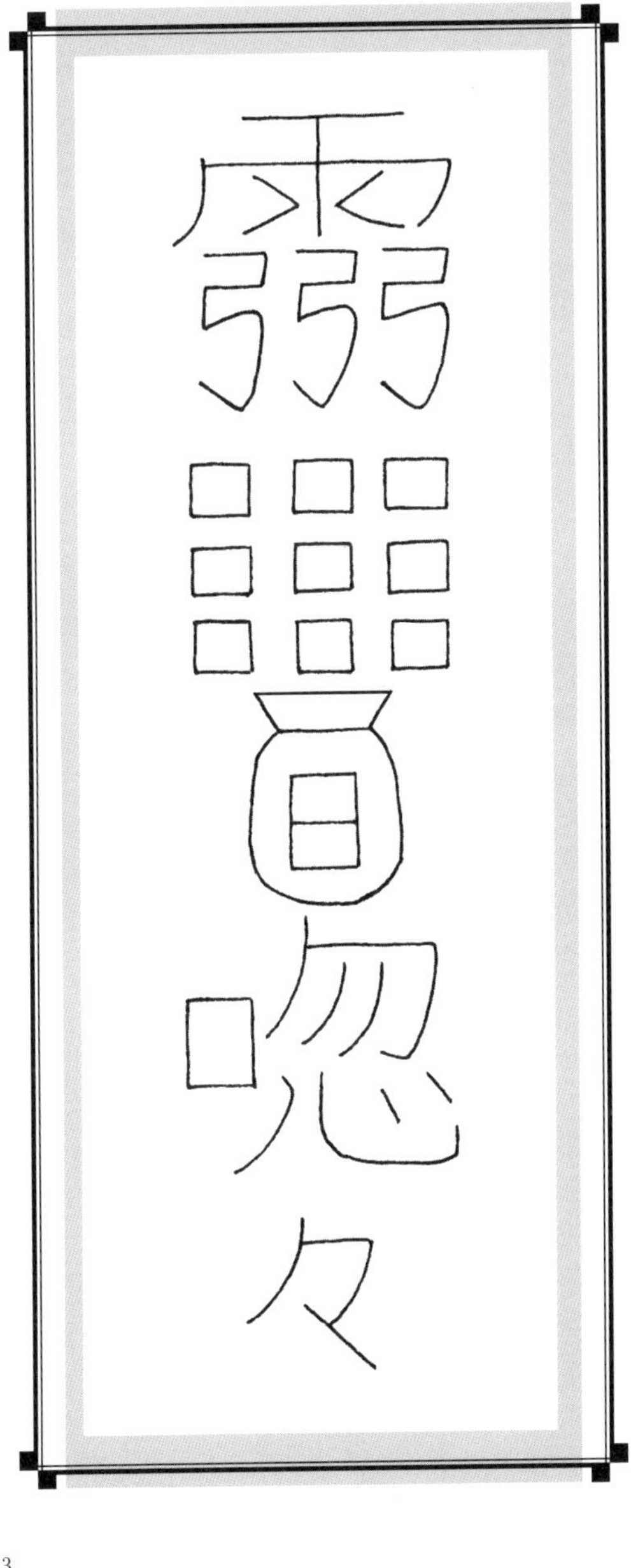

受けた呪術を返す

呪《じゅ》詛《そ》返《がえしの》呪《じゅ》符《ふ》

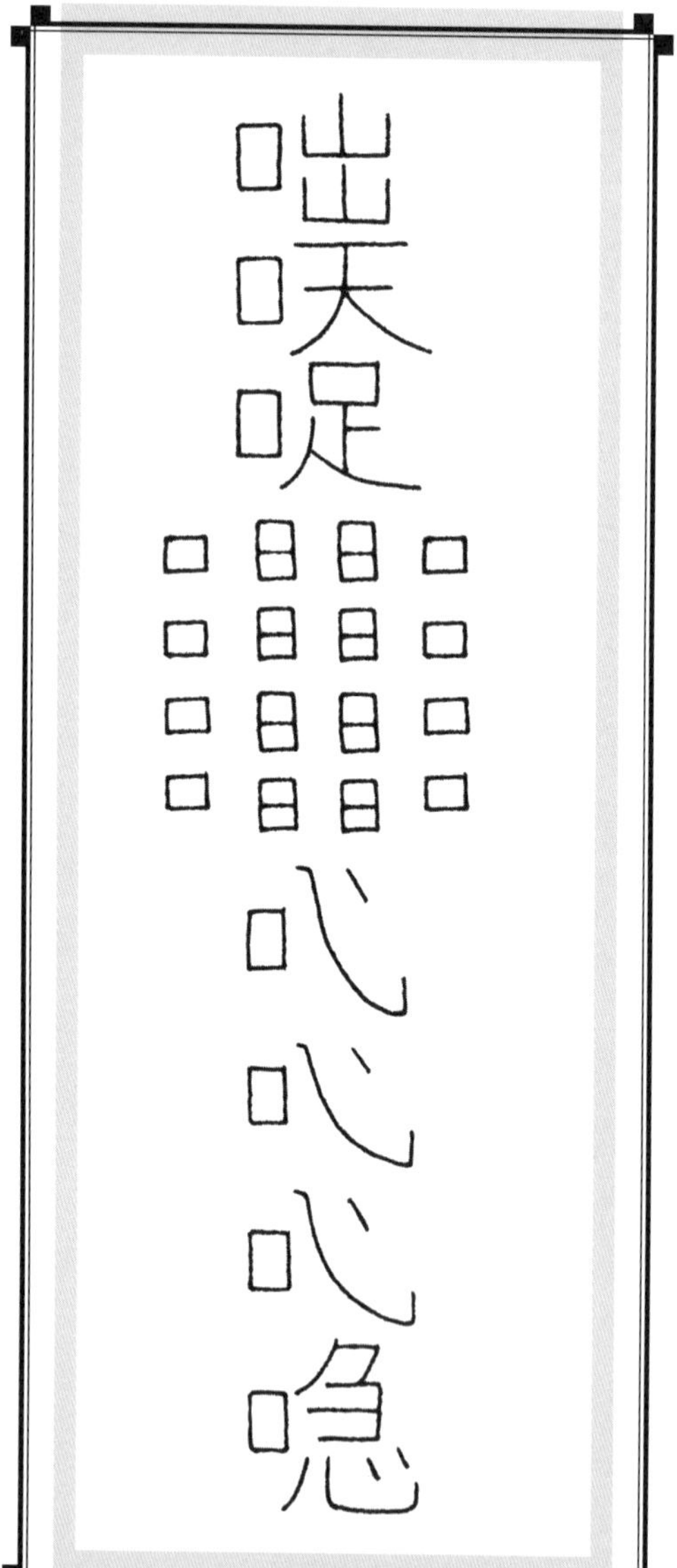

誰かに呪詛されているとき、この呪符を水に浸し、その水を飲み干すことで、呪術に負けず、さらに相手にその呪術を返すことができます。

万能の呪符

五《ご》岳《がく》真《しん》形《ぎょう》図《ず》

たいへんに霊験あらたかな呪符。願望成就や災厄除けなど、あらゆることに効く万能呪符です。白い紙に朱墨で、５つの図を書きます。

風邪と呪い

縄文時代の土偶は、呪術に用いられる形代だったのではという説があります。多くの土偶が破壊されていたことから、悪いところを移す撫で物の役割をしていたという可能性です。例えば、右手が痛むから、土偶の右手を壊し、その痛みを土偶に移すという考え方です。痛みを移すことで、痛みから解放される治病のための呪術でしょう。ここでひとつ、思い出していただきたい昔からの迷信があります。

「風邪をひいたら、人に移すと早く治る」という迷信を、子どもの頃に聞いた覚えはありませんか？　同様に、「人から移された風邪は重くなる」という説もありました。実際に誰かに移すとラクになり、人からもらった風邪で重症化した経験を持つ人もいるでしょう。

医学的にはまったくのウソなのでしょうが、こうした迷信が、親から子へとまことしやかに伝えられてきたのは、代々、そう信じ、治癒を願ってきたからなのでは？　この迷信の背景には、自分の身代わりとなる存在に病を移すことで、悪しき邪気である病を自分から消し去るという、撫で物の考え方があったのかもしれません。

五章

呪術の祓い方

呪術がかかっているか、どんな霊や怨念が影響しているのか。を調べる〈指《し》相《そう》識《しき》別《べつ》の秘法〉

呪術がかかっているかどうか。どんな霊や怨念が影響しているのか。まずはそれを探らなくては、適切な対応ができません。原因を調べる秘法が、日蓮宗の『指相識別ノ大事』に伝わる、指相識別の秘法です。歴史ある秘法ですので、遊び半分には行わないでください。

用意するもの

❖清潔な白い服

手順

1. 全身を洗い清め、清潔な白い服を着ます。
2. 左手を内側に向け、手首の下に、「鬼子母神」と指で縦に書きます。
3. 指の力をゆるめたら、手を見つめながら、「諸《しょ》余《よ》怨《おん》敵《てき》皆《かい》悉《しつ》摧《ざい》滅《めつ》」と7回唱えます。

❹左手の5本の指先に、それぞれ、「鬼」と指で書きます。本来は木剣で文字を書きます。

❺その手に強く息を吹きかけ、パッと指を開きます。

❻ピクピク動く指があったときは、何らかの呪術や霊が影響していると判断します。

親　指：霊的な修行をするものの霊

人差指：死霊　**薬指**：生霊

中　指：怨霊　**小指**：呪術、動物霊

呪術の除け方、祓い方

呪いは、精神的に受けるダメージが効果を左右します。呪われてもいないのに、呪われていると思い込むことで、自らを呪われた存在にすることもあるでしょう。呪いを封じて無効化するもっともよい方法は、心を強く持ち、一貫性のある自分を貫くことです。呪われようと、自

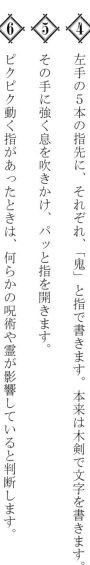

らを呪おうと、これでたいていは祓えるでしょう。

また、呪ってやりたい、死ねばいいと思われるような、悪しきことをしないことです。人に憎まれていては、良縁を逃し、どんどん嫌われて孤立してしまいます。願いを叶える呪術を行っても、こうした負の想念があると、無効化されてしまうでしょう。

結界呪術、セーマン・ドーマン

安倍晴明の五芒星「晴明桔梗文」がセーマン、縦横9本の線を組み合わせた「九字」がドーマンです。ドーマンは、安倍晴明のライバルだった蘆屋道満から名付けられたと伝わります。

セーマンは、陰陽五行説の木火土金水《もっかどごんすい》の5つの元素の「相克」を表した図です。一筆で書き記せる上に、しっかりと線が閉ざされることから、迷い込んだ魔物を封印する一方で、魔物が入り込めない結界になるとされています。

セーマン

ドーマンは、縦横の線が結界となり、魔除けの効果となります。

どちらも、自らの弱さを打ち負かし、強い自分になることにも役立つでしょう。強い自分になれば、弱気になることも減り、強い意志と精神で、呪いを跳ね除けられるようになるはずです。

不安を感じたときは宙に、セーマンとドーマンを刀印で記しましょう。カードやノート、石などに記して持ち歩くのもありです。祓い袋に入れておくのもいいでしょう。

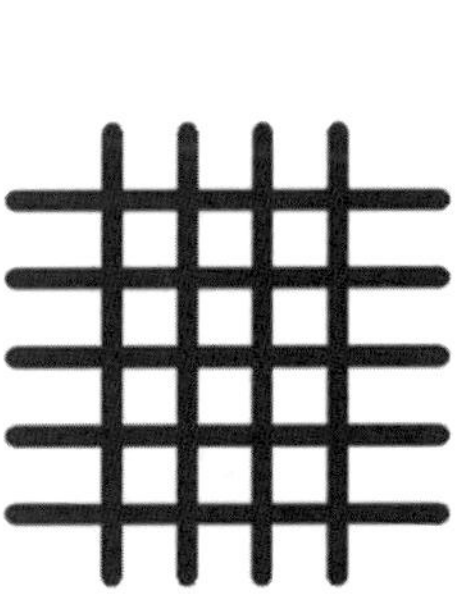

ドーマン

人を許す呪術

誰かを呪う行為は、相応の代償を払うことになり、メリットを得るばかりで終わることはありません。嫌いな相手のためにリスクを被るのはもったいないことです。相手を呪う前に、人を許す呪術を試してみましょう。

今の流れを変える三か条

一、どうしようもない相手であることを理解する
二、謝られても許せないので、謝罪にはこだわらない
三、なるべく関わらないように距離を置く

この三か条を実行し、満月の日から、許しの呪術（1と2）をはじめます。

1 許せないと思うことを書き出す

恨みつらみを、紙に箇条書きにします。書いたものを読み返し、重複箇所を整理しながら、誰が見てもわかりやすい解説にします。数日かけて、過不足のないように何度も更新しましょう。どうでもいいと思えることは削除していきます。

2 胸の内を伝える

恨みつらみの箇条書きをまとめ終えても、呪いたいと思うなら、あなたの気持ちを相手に直

接伝えましょう。相手のどんな行動に、あなたがどう感じ、どう傷つき、怒り、恨んでいるのかを伝え、もう二度とそういうことをしないでと伝えます。驚いた相手は聞くしかなく、あなた以上のショックを味わうかもしれません。立場的に伝えにくいなら、相談事として、要望をロジカルに伝えます。

胸の内を伝えたら、三か条を続けていきましょう。相手のことがどうでもよくなり、何とも思わなくなっていくはずです。つまらない相手のために少しでも思い悩んだ時間が惜しかった、そう思うようになるでしょう。

相手に同じことをやり返すことが仕返しではありません。絶対的な仕返しは、あなたが幸せになることです。意地悪をして足を引っ張ったのに、あなたが幸せになっていることに気付いても、もう時は遅く、相手は後悔するしかないでしょう。

相手に同じことをやり返していては、不毛なバトルの繰り返しになり、ふたりとも不幸せなまま『人を呪わば穴二つ』という状況を招いてしまうのです。

あなたへの嫌がらせで自らの墓穴を掘った相手を憐れんで許し、あなたは幸せになりましょう。

呪術にかからないようになる予防法

人に憎まれたり、妬まれたり、逆恨みをされてしまうことは、呪いのはじまりに通じていきます。人を憎んでしまうと、自然と、その人の死や不幸を願うようになることがあるからです。呪術を行うまでもなく、こうして、人は人を呪い続けてしまうのです。呪いは人間の性で、人間の一生自体が呪われたものなのかもしれません。

呪術で呪おうとすることばかりでなく、こうした人の想念も含まれるのが呪いです。絶対に呪われることなく、無傷のままに一生を終える人はいないでしょう。

同様に、人の不幸を願うことや、仕返しはいけないことだと思い、このタブーを犯したことはないと思っている人も、きっとどこかで誰かを呪った瞬間があるはずです。

切っても切れない呪わしい想念に負けないようにすることが、呪術にかからない予防になります。

負の考えに走らず、建設的な考え方ができるように、どんなときにも可能性を見出せるあなたでありましょう。ダメではなく、どうしたら可能になるかを考えるのです。考えて行動することで、囚われがなくなり、呪いが効きにくくなります。そうすれば、呪術にかかりにくい、開運体質のあなたになれるでしょう。

自分で自分に呪術をかけないようにする

誰もかけてもいない呪いにかかり、毎日を嘆いて過ごす人は意外と多いものです。たとえば、「恋人ができない」「お金がない」と言い続けている人。言葉は言霊ですから、こうしたよくない状況を口にすることで、どんどんそれを強くして、変えがたい現実にしてしまうでしょう。

ステキな人と思い、ほんのり惹かれはじめていたところで、「本当にモテないし、恋人がいたことがないんですよ」などと言われたら、難ありの人なのではという疑いが生まれ、せっかくの恋のチャンスを逃してしまうかもしれません。自分自身でネガティブキャンペーンをしていることに気付いたら、ただちにやめましょう。

子供時代に親から受けた仕打ちが許せず、それがトラウマになっているとしたら、それも自分でかけた呪いのひとつになります。どうしてあんなことをされたのだろうと思い悩まず、今の自分を楽しく生きることに専念し、過去から来る呪いの呪縛を、陽の気で祓いましょう。

人の記憶は曖昧です。記憶に縛られず、未来を拓くことに意識を向けることが、呪いからの解放となるのです。

祓い袋

邪気を祓い、悪しきことから身を守るための呪具を入れた、祓い袋です。携帯用の、霊的なエマージェンシーキットになります。持ち運べるサイズのものを用意して、イザというときに役立てましょう。

祓い袋に入れる呪具

❖人形（いずれか1つを用意）

藁人形、フェルトのマスコットなど、自作した人形。手作りの人形は、あなたに降りかかる災いを背負い、身代わりとなります。

藁人形は糸などでしっかり結び、最後に好きなリボンを結びます。自分の身代わりですので、自分の好きなファッションにしましょう。渋めが好みの場合は、飾り気のない藁人形や紙人形（懐紙を人型にくり抜いたもの）でもＯＫです。

出来上がったら、あなたにとってのマイナスのものをすべて持ち去ってくれることを祈りながら、３回、息を吹きかけておきましょう。

❖丸い鏡

神鏡となる丸い鏡です。このためにまっさらの新品を用意します。

光を反射し輝かせる鏡は、魔除けになります。丸い鏡は、日本古来の鏡の形状で、三種の神器のひとつの八咫鏡《やたのかがみ》と同じ形です。弥生時代前期に伝来したという鏡は、ものを映す道具ではなく、神様が宿る依代とされていたそうです。悪しきものを跳ね除けて、ご加護を得るために持ち歩きましょう。

❖懐紙で包んだ天然塩（市販のお清めの塩でもＯＫ）

天然塩は、お清めのためのものです。正方形にカットした懐紙で、天然塩を薬包みします。塩の量は２グラム（小さじ１杯）程度。持ち歩くだけで使わなかったとしても、１カ月に１度は新しいものに交換しましょう。

❖懐紙

懐紙は折りたたみ、１枚入れておきます。

❖干支の守護梵字

生まれ干支の守護本尊の梵字です。子と戌亥は、梵字は同じで、守護本尊とその真言は異なります。鏡の裏側に自分で書くか、梵字をコピーして切り抜いて鏡の裏に貼るか、市販のステッカーを貼るかします。自分で書く場合は、書き順を守りましょう。

自分の干支の守護本尊の名前と真言、梵字の書き順は覚えておきましょう。真言はいつ唱えてもいいでしょう。懐紙に書いておいて、祓い袋に同封しておくのもありです。気が動転して、真言を唱えられないといけないので、書き順と一緒にわかりやすくしておきましょう。

子

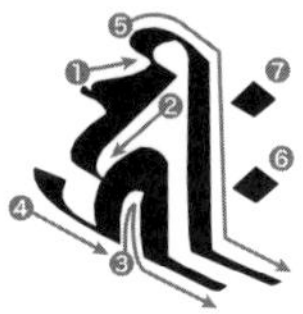

千《せん》手《じゅ》観《かん》音《のん》菩《ぼ》薩《さつ》

真言

「オン・バザラ・タラマ・キリク」

丑・寅

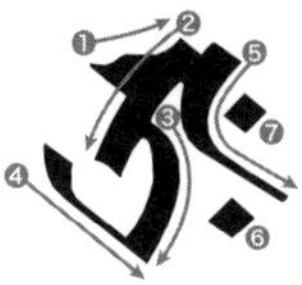

虚《こ》空《くう》蔵《ぞう》菩《ぼ》薩《さつ》

真言

「オン・バサラ・アラタンノウ・オンタラク・ソワカ」

卯

文《もん》殊《じゅ》菩《ぼ》薩《さつ》

真言

「オン・アラハシャノウ」

辰・巳

普《ふ》賢《げん》菩《ぼ》薩《さつ》

真言

「オン・サンマヤ・サトバン」

午

勢《せい》至《し》菩《ぼ》薩《さつ》

真言

「オン・サンザンサク・ソワカ」

未・申

大《だい》日《にち》如《にょ》来《らい》

真言

「オン・アビラウンケン・バザラダトバン」

酉

不《ふ》動《どう》明《みょう》王《おう》

真言

「ノウマク・サンマンダ・バザラ・ダン・カン」

戌・亥

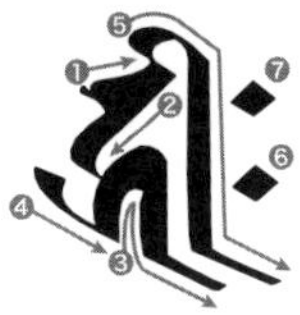

阿《あ》弥《み》陀《だ》如《にょ》来《らい》

真言

「オン・アミリタテイセイ・カラ・ウン」

❖袋

伝統の和柄である「鱗柄」の巾袋、またはポーチを自作します。鱗柄の布を風呂敷にして包むのでも。鱗柄には魔除けの意味があります。鱗柄の色の組み合わせは好きなものでOKです。

鱗柄の袋に、前述の呪具を入れます。これで、祓い袋の完成です。

祓い袋の使い方

もしも、呪詛の危険を感じたり、いやなことがあったときは、祓い袋から鏡を取り出し、まず、鏡を見ます。鏡に映った自分の目を見つめて、気持ちを落ち着けましょう。落ち着いたところで、裏の自分の干支の梵字を書き順通りになぞりながら、真言を7回唱えます。

それでもダメだと思ったら、人形で身体を撫で、息を吐きかけながら、「災いのすべてをお前に託した」と唱えます。あなたにまとわりつく穢れを移すのです。最後に人形を懐紙に乗せて、塩を振り、そのまま包んで処分します。

霊的な何かや、よくない念のようなものを感じたときは、塩を舐めるか、自分に振りかけましょう。

鏡と袋以外のものは消耗品です。使ったら、新しいものを補充します。万が一、鏡が割れてしまったときは、塩で清めて処分して、新しいものを用意しましょう。袋が破れたり汚れたりしたときも、同様に処分し、新調してください。

拡散するSNSの呪い

子どもから大人まで、多くの人が当り前のように使うようになったSNS。リアルタイムの気持ちを発信し、人々の共感を得る一方で、誹謗中傷を受けることもあるでしょう。感情の捌け口となるSNSは、世界中の様々な想念が渦巻く呪いのカオスです。

SNSには、写真や行動の履歴などの個人情報が、無防備に投稿され、蓄積されていき、それが、相手を呪うための呪具の宝庫となるでしょう。写真やプロフィールを使えば、１度も会ったことのない人に、今すぐ「厭魅」を施せるのです。

SNSで気軽に感情を訴えることも、恐ろしい呪いを生みます。言霊として発しなければ、自己消化できたかもしれない恨みや負の念を増幅し、自らを呪っていくでしょう。古来、日本は、祝詞や祝言など、言霊が盛んに働く国であると語り継がれているのです。

気持ちのままに発したSNSは、意図した意味合いと異なる解釈を招き、それが一気に拡散されてしまうこともあります。何気ない投稿が、自分の知らないところに浸透し、取り返しのつかない呪いとなってしまう。SNSは、言霊を勢いづけるツールでもあるのです。

あとがき

「呪い」には、恐ろしいイメージがありますが、「こうしたい」という希望のために行う前向きなものという側面もあります。意図することによって、プラスとマイナスが入れ替わることもあるかもしれませんが、どちらも当事者からすれば、願いに向けられた希望であるといえるでしょう。

呪術の歴史を振り返ると、人を陥れることや不幸を願う行為が、相手の怨念を生み、手も足も出ない状況に追い込まれてしまうことがわかります。ずるいことはせず、正々堂々と生きて、未来をよくするために呪術を行うことが望ましいでしょう。

呪いは、かけるまでもなくかけてしまっていることがあります。呪ってやろうと思わなくても、呪いたい気持ちが強まって、その思いが漏れてしまうのです。それを隠そう。消そう。なかったことにしようと思っても、時は既に遅いでしょう。

過去に囚われすぎず、遠すぎる未来に先走らず、現在を見つめ、秘められた力を注ぎ込んで、理想を叶えてくださいますように。

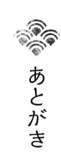

本書掲載の呪術は、文献史料に基づいたものです。
呪術の効果などに関しては、著者・出版社は一切の責任を負いませんので、ご了承ください。

LUA（ルア）

幼少期より、オカルトや神秘など未知の世界に関心を抱き、長年のコンピュータ・グラフィックスのデザイナーを経て2004年に占術家に転身。西洋占星術、タロット、ルーン、ダウジング、数秘術などを習得。雑誌・書籍・WEBなどの各メディアでの占い関連原稿の執筆と監修、心理テストの作成や、おまじないの監修などを行う。著書共著、多数。ホラー好きと、不思議議な実体験を活かし、児童書で怪談を手掛けることも。

装丁・デザイン ◆ 萩原美和
イ ラ ス ト ◆ KAOPPE
編　　　集 ◆ 小栗素子
制 作・進 行 ◆ 田村恵理（辰巳出版株式会社）

呪術取り扱い説明書

2021年6月15日　初版第1刷発行

著　者　LUA
発行者　森岡良治
発行所　辰巳出版株式会社
〒160-0022
東京都新宿区新宿2丁目15番14号 辰巳ビル
TEL 03-5360-8960（編集部）
TEL 03-5360-8064（販売部）
http://www.tg-net.co.jp/

印　刷　三共グラフィック株式会社
製　本　株式会社セイコーバインダリー

Printed in Japan
ISBN978-4-7778-2729-9　C0090